## Impressum

Buildering-Spots – Klettern und Bouldern in der Stadt
1. Auflage, 2017

Tim Jacobs

CreateSpace Independent Publishing Platform

ISBN-10: 1544979495

ISBN-13: 978-1544979496

### Informationsangebot Buildering

Bei Interesse am Thema Buildering gibt es von individueller Beratung bis zum Vortrag viele Angebote zur Information und Aufklärung.

*Kontakt:*
Tim Jacobs
Internet: www.Buildering-Spots.de
E-Mail: tim@buildering-spots.de

Titelbild: Leo Thews klettert am Pfeiler der Kaiserbrücke in Mainz. Foto: Jean-Marie Müller

# Danksagung

Die Sammlung der städtischen Boulder- und Kletter-Spots in ganz Deutschland dauerte einige Jahre und ist ein Gemeinschaftswerk, das ohne Hilfe und Unterstützung vieler aktiver Sportler nicht entstanden wäre. Ich danke allen aktiven Nutzern der Plattform *www.Buildering-Spots.de*, die über Jahre die ihnen bekannten Spots dokumentiert haben und es damit erst ermöglichen, diese Spot-Sammlung zu erstellen.

Ich danke Viviane Krudewig für umfassende textliche Beratung und vor allem für viel Geduld mit mir sowie diesem Projekt. Darüber hinaus war ihre Ressourcenbereitstellung maßgeblich für das Buch. Michael Krudewig hat sich die Mühe gemacht, den kompletten Grundlagenteil auf gedankliche Sinnhaftigkeit zu prüfen und meine grobfahrlässigen Satzzeichenfehler zu korrigieren.

In Hinblick auf die Erstellung des Cover-Layouts danke ich David Buballa und Philipp Bareiss für die grafische Aufbereitung der Spotübersicht in Deutschland.

# Inhalt

| | |
|---|---|
| Hinweis zum Gebrauch | 12 |
| Über dieses Buch | 14 |
| Über den Autor | 16 |
| Vorwort | 18 |
| Was ist Buildering? | 19 |
| Kommentar Udo Neumann | 21 |
| Entwicklung einer Sportart zur Gesellschaftsfähigkeit – Wie war das beim Buildering? | 23 |
| Gesetzeslage: Buildering als legale Sportart | 33 |
| Buildering-Spots.de | 37 |
| Builderingführer Mainz/Wiesbaden | 42 |
| Buildering-Spots Deutschland | 44 |
|     Aachen - Öcher Kräck | 46 |
|         Marienburg-Ehrenmal | 48 |
|     Bad Arolsen - Meerbrücke | 50 |
|     Bad Münster am Stein - Klagemauer | 51 |
|     Bad Neustadt - ARTROCK | 52 |
|     Bamberg - Free Willi | 53 |
|         Theresienhain | 54 |
|     Bergheim - Medio Blocks | 56 |
|         Gutenberg WALL | 56 |
|     Berlin - Kynastteich | 57 |
|         Flakturm - Humboldthain | 58 |
|         Klettertrum Marzahn | 61 |
|         Kletterturm Kirchbachspitze | 62 |

| | |
|---|---|
| Teufelsberg | 63 |
| Bingen - Kaiser-Friedrich Turm | 64 |
| Rhein-Nahe Eck | 65 |
| Pfeiler der Hindenburgbrücke | 66 |
| Mauer - Bingen-Büdesheim | 68 |
| Chemnitz - Urban Crack Climbing | 69 |
| Eisenbahndamm am Viadukt | 70 |
| Dietfurt - Brückenbuildering | 71 |
| Dresden - Bogenschütze | 72 |
| Elbbrücke, Kaditzer Seite | 73 |
| Zwickauer Straße | 75 |
| Hasenberg & Marienbrücke | 77 |
| Budapester Straße | 79 |
| Albertbrücke | 82 |
| Kletterpilz Dürerstraße | 86 |
| Duisburg - Klettergarten DAV Duisburg | 87 |
| Emmering - Kletterbrücke Eichenau | 89 |
| Fehmarn - Siloclimbing | 91 |
| Fellbach - Torbogen | 92 |
| Flörsheim - Biomassekraftwerk Wicker | 93 |
| Frankfurt - Untermainbrücke | 94 |
| Schöne Aussicht | 96 |
| Brückenkopf Ignatz-Bubis-Brücke | 98 |
| Mainkai Boulder | 99 |
| Natursteinwand Offenb. Landstr. | 101 |
| Senckenberg Museum | 101 |
| Günthersburgpark Wand 1 | 102 |
| Günthersburgpark Wand 2 | 103 |
| Sachsenhäuser Mauer | 104 |
| Sportuniversität Frankfurt | 105 |

| | |
|---|---|
| Freiburg - Kletterkartoffel | 106 |
| Freising - Isar Brücke | 107 |
| Göttingen | 108 |
|    Mauer Grundschule Albaniplatz | 108 |
|    Mauerende Albaniplatz | 109 |
|    Parkplatz am Rosarium | 110 |
|    Kugel am Klinikum | 111 |
|    Turmstraße Ost | 112 |
|    Wallbrücke | 113 |
|    Verschneidung Hospitalstraße | 114 |
|    Parkplatz am Bismarckhäuschen | 115 |
| Gräfendorf - Brückenpfeiler | 116 |
| Hamburg | 118 |
|    Brücken-Boulder Meenkwiese (DWS) | 118 |
|    Brücken DWS, Wilhelm-Metzger-Str. | 119 |
|    Hindenburg-/Skagerakbrücke (DWS) | 119 |
|    Hasenbergbrücke (auch DWS) | 120 |
|    Iserbrooker Westwand | 121 |
|    Brücke Hudtwalckerstrasse (DWS) | 122 |
|    KILIMANSCHANZO - Kletterbunker | 123 |
|    Wandstruktur Finkenwerder | 124 |
|    Speicherstadt: Magellan-Terrassen | 126 |
|    Deep Water Buildering Alsterfleet | 127 |
|    Autobahnbrücke Stillhorn | 127 |
|    T.R.U.D.E. (Tief runter unter die Elbe) | 128 |
| Handorf - Tiefe Wasser | 129 |
| Husum | 130 |
|    Schloßpark Husum | 130 |
|    Husum Bahnhof | 131 |
| Kalkar - Klettern am Atomkraftwerk | 132 |
| Karlsruhe - Fasanengartenmauer | 133 |

| | |
|---|---|
| Kaufbeuren - Stadtmauer - Alte Mühle | 134 |
| Köln | 135 |
|    Brückenpfeiler an der Zoobrücke | 135 |
|    Niehler Damm | 136 |
|    Mühlheimer Brücke | 137 |
|    Hohenzollernbrücke | 138 |
|    Uni Bibliothek | 140 |
|    Kunstwerk – Unter der Brücke | 141 |
|    Tunnelwand – Hohe Mauer | 142 |
|    Kletternwand der Sporthochschule | 143 |
|    DrumnBass Tunnel | 143 |
|    Zülpicher Platz - Unter der Brücke | 144 |
|    Rudolfplatz | 145 |
|    Lange Natursteinwand | 146 |
|    Friedenspark – Ulrepforte | 147 |
|    Volksgarten Tor1 - Anwaltskanzlei | 148 |
|    Geographen-Fassade | 149 |
|    Uni Mensa | 150 |
|    Steele Am Dom – Stadttor Eigelstein | 151 |
|    Die drei Steine | 152 |
|    Kleine Ecke | 153 |
| Konz - Konzer Brücke | 154 |
| Krefeld - Eisenbahnbrücke | 155 |
| Leipzig - Aurelienbrücke | 156 |
|    Parkanlage Palmengarten | 158 |
|    DHfK-Wand + Zeppelinbrücke | 159 |
|    Kletterturm Mockau | 161 |
| Mainz | 162 |
|    Cinestar-Riss | 162 |
|    Volkspark | 163 |
|    Rheinufer | 165 |
|    Weißliliengasse | 167 |

| | |
|---|---|
| Green Mile | 170 |
| JoGu Schwimmhalle | 172 |
| Mannheim | 174 |
|    Neckarufer | 174 |
|    Boulder am Rheinufer | 175 |
| Marxen – Eisenbahnbrücke Jesteburg | 176 |
| München | 177 |
|    Maxwerk - Wasserlaufradl-Kantn | 177 |
|    Corneliusbrücke (DWS) | 178 |
|    Schweizer Platz | 179 |
|    Wittelsbacherbrücke | 180 |
|    Buildering Isarhorn | 181 |
|    Ludwig Max Universität | 183 |
| Münster und Umgebung | 184 |
|    Prinzenbrücke | 184 |
|    KaÜ (Alte Schiffahrt) | 185 |
|    DIE BRÜCKE - Telgte | 186 |
|    Kinderhaus Schleife | 187 |
|    Eisenbahnbrücke | 188 |
|    Kanalbrücke | 189 |
|    Schwimmbad Greven | 190 |
|    Speerwehr | 191 |
|    Himmelblaues Flugzeug | 192 |
|    Ringelpiz | 192 |
|    Autobahnbrücke Werneweg | 193 |
|    Parcour | 194 |
|    Heidekrug | 194 |
|    Brücke 61 | 195 |
|    Schiffarter Damm/Emsbrücke, | 195 |
|    Uniklinikum | 196 |
|    Hochbunker Hammer Straße | 197 |
|    Altes Pumpenhaus | 198 |

| | |
|---|---|
| Eulenkäfig | 199 |
| KZ Türmchen | 200 |
| Stein | 201 |
| Bahnbunker | 202 |
| Umgehungsstraße | 203 |
| Faustriss | 203 |
| Skater-Park | 204 |
| Kanonengraben | 205 |
| Hansa Schule | 205 |
| Elefant | 206 |
| Parkdeck Zentrum Nord | 206 |
| Kanalbrücke Albachtener Straße | 207 |
| Piazriß | 207 |
| AA-See | 208 |
| Westfalenparkplatz | 209 |
| Eisenbahnbrücke Kanalhafen | 209 |
| Trafoverschneidung | 210 |
| Kanalbrücke Flaesheim | 210 |
| Dorfbauernschaft, Kanalbrücke | 211 |
| Kanalbrücke Senden | 211 |
| Tunnel Davensberg | 212 |
| Eisenbahnbrücke Amelsbüren | 212 |
| Neuenkirchen – Big Block | 213 |
| Nordstrand - Traverse am Ehrenmal | 214 |
| Nürnberg – With just one glance | 215 |
|     Stromhäuschen | 216 |
|     Wöhrder Wiese | 217 |
|     WiSo Nürnberg | 219 |
|     U-Bahnhof Sündersbühl | 220 |
|     Waschbetonmauer | 221 |
|     Westmauer | 222 |
|     Kongresshalle | 223 |

| | |
|---|---|
| Paulsdorf - Malterbrücke | 225 |
| Passau - UNI Campus | 227 |
| Senden - Alte Fahrt | 227 |
| Schwarzenberg - Monkey Land | 228 |
| Sprakel - Lärmschutzwand | 228 |
| Steinfurt - Eisenbahnbrücke | 229 |
| Stuttgart - Cannstatter Pfeiler | 230 |
| Friedrichsbau Würfel | 232 |
| Süderlügum - Grundschule | 234 |
| Waiblingen - Brücke über die Rems | 235 |
| Weinheim - Sandsteinbrückenpfeiler | 237 |
| Wiesbaden - Brücke Schiersteiner Hafen | 238 |
| Eisenbahnbrücke Ginsheim | 239 |
| Spielplatzkastell im BKV | 240 |
| Kaiserbrücke - Wiesbaden | 241 |
| Worms - Rheinbrücke | 243 |
| Würzburg - Mainkai | 244 |
| Niederlande - Enschede – Stud. Wohnheim Twente | 245 |
| Österreich - Innsbruck – Flüsterbogen | 247 |
| Wien - Flakturm | 248 |
| Schottland - Glasgow - Buildering expressway | 250 |
| Schweiz | 252 |
| Blenio - Staudamm Diga di Luzzone | 252 |
| Fribourg - Pont de Pérolles | 255 |
| Spanien - Barcelona - TÚNEL LA FOIXARDA | 257 |
| Platz für Spots und Notizen | 259 |
| Schwierigkeitsgrade | 262 |

Tim Jacobs in der Weißliliengasse in Mainz
Foto: Kletterfilm Foto Birk

Bia Rock an der Budapester Straße in Dresden

Tim Jacobs an der Theodor-Heuss-Brücke in Mainz-Kastel
Foto: Sandra Kathe

# Hinweis zum Gebrauch

Zum Gebrauch der bereitgestellten Informationen und insbesondere der in diesem Buch aufgeführten Orte zum Klettern und Bouldern (Spots) sind folgende Hinweise zu beachten:

- Klettern ist ein potentiell gefährlicher Sport. Die persönliche Sicherheit sollte von keinen Angaben in diesem Buch abhängig gemacht werden. Autor und Herausgeber können für die Richtigkeit, Vollständigkeit und Aktualität der Inhalte in diesem Buch keine Gewähr übernehmen. Dazu gehören die Topos, die Beschreibung der Boulder und Routen, Zugangsinformationen, Wandhöhen, Schwierigkeitsbewertungen, Ortsangaben sowie die rechtliche Einschätzung zum Klettern an den beschriebenen Orten.

- Buildering ist nicht an allen Orten erlaubt. Im Einzelfall ist es erforderlich, dass jede Person, die aufgrund einer Beschreibung in diesem Buch an einem Bauwerk klettern möchte, sich versichert, ob das Verhalten erlaubt ist, und inwieweit nicht gegen geltendes Recht verstoßen könnte. Der Autor und Herausgeber kann keine Gewähr für die rechtliche Verbindlichkeit der Angaben geben.

  Entgegenstehen können insbesondere rechtliche Regelungen wie z.B. generelle Verbote der Städte, Vorschriften zum Denkmalschutz, Hausregeln usw. Mehr Informationen sind im Kapitel Gesetzeslage beschrieben.

- Es kann lokal unterschiedliche Umgangsweisen mit dem Thema Buildering geben. Diese fallen unter die kommunale Regelung von Verwaltungsangelegenheiten. Mehr Informationen sind im Kapitel Gesetzeslage beschrieben.

- Die beschriebenen Orte (Spots) stellen in den meisten Fällen lediglich Ideen und Vorschläge für mögliche Orte zum Klettern und Bouldern dar, die von anderen Sportlern identifiziert und beschrieben wurden. Es handelt sich in der Regel um keine offiziellen und etablierten Kletteranlagen bzw. offizielle Orte zum Klettern. Für ein rechtlich konformes Verhalten ist jeder Sportler selbst verantwortlich.

- Der Autor ist nicht haftbar für eventuelle Verstöße und rechtliche Belange, die aufgrund von Handlungen Dritter oder Angaben in diesem Buch erfolgen. Es ist Sache des Sportlers/Lesers, die Richtigkeit der genutzten Informationen zu überprüfen. Die Nutzung von Inhalten Dritter erfolgt auf eigene Gefahr und unterliegt dabei den jeweils geltenden nationalen und internationalen Gesetzen.

- Die Inhalte und Bilder der Buildering Spots wurden von Nutzern der Seite www.Buildering-Spots.de zur Verfügung gestellt. Vor der Veröffentlichung des Buches wurden alle Nutzer über die Verwendung der Daten informiert und konnten dieser widersprechen. Sollten Haftungstatbestände aus den bereitgestellten Inhalten Dritter entstehen, übernimmt der Autor keine Haftung. Für den Inhalt der Spot-Einträge und etwaiger Bilder sind ausschließlich die Ersteller der Einträge verantwortlich.

# Über dieses Buch

Klettern und Bouldern an Bauwerken nennt man Buildering. Dabei handelt es sich meist um öffentliche Bauwerke, an denen legal geklettert wird. Buildering ist eine Möglichkeit, den städtischen Raum für mehr zu nutzen als Wohnen, Arbeiten und Spazierengehen.

Der Ansatz von Buildering ist, ausgewählte Bauwerke, Brücken und Mauern als Kletter- und Boulder-Spots zu nutzen. Einen besonderen Reiz bieten die vielfältigen Strukturen und Materialien, die man greift. Statt immer mehr Kletterhallen zu bauen, ist Buildering eine Alternative im Freien, um den steigenden Zahlen begeisterter Sportler Raum zum Klettern sowie Bouldern zu geben und dabei gleichzeitig die Natur zu entlasten.

Durch ortsnahes Buildering entfallen lange Anreisen mit dem Auto zum Fels, und der große Ansturm von Menschen auf die lokal meist begrenzt verfügbaren natürlichen Kletter- und Boulder-Felsen kann entzerrt werden.

Das Buch *Buildering-Spots* ist in zwei Teile unterteilt:

Zum einen enthält es Informationen und Hintergründe zur Sportart Buildering für alle Interessierten und alle, die es ausprobieren möchten.

Dabei gibt es Kapitel zum Sport selbst und seiner Geschichte, der Gesetzeslage, der Vorreiterrolle des Deutschen Alpenvereins (DAV) sowie einen Kommentar von Udo Neumann (DAV Bundestrainer des deutschen Nationalkaders Bouldern), unterlegt mit Fotos. Darüber hinaus werden aktuelle Projekte und Chancen für die städtische Sportentwicklung vorgestellt sowie Möglichkeiten, die zunehmende Naturbelastung durch den Kletter- und Bouldersport mit Buildering zu reduzieren.

Zum anderen ist das Buch ein städtischer Kletterführer, also ein Builderingführer, mit etwa 200 Buildering Kletter- und Boulder-Spots in 61 Städten. Bis auf wenige Ausnahmen befinden sich die Spots in Deutschland. Die Spot-

Beschreibungen beinhalten Koordinaten, Adressen, Beschreibungen, ggf. Routen inkl. Schwierigkeitsgrad und Bildmaterial. Zusätzlich wird auf verfügbare Videos der Spots und der Begehungen hingewiesen.

Dabei sind nicht nur Metropolen wie Köln, Frankfurt, Hamburg, Berlin oder München vertreten, sondern auch untypische Orte zum Klettern und Bouldern wie Husum oder extravagante wie Barcelona. Überall finden sich Buildering-Spots. Dabei können die beschriebenen Spots auch als Inspiration für die individuelle Erschließung neuer Spots durch andere Sportler hilfreich sein, um geeignete Orte und Strukturen selbst zu erkennen und zu erschließen.

Die Vielfalt beim Buildering zeigt sich an Spots wie einem Studentenwohnheim inkl. Fassaden-Kletteranlage oder zentral in Innenstädten gelegenen Bunker-Anlagen mit Kletterpark.

Ein besonderes Highlight sind die Deep Water Buildering-Spots (DWS), die es bereits in Hamburg, München, Frankfurt am Main, Wiesbaden und Paulsdorf bei Dresden gibt.

## Über den Autor

Tim Jacobs klettert seit über 20 Jahren. Weil sich die Sportarten Klettern und Bouldern aktuell immer größerer Beliebtheit erfreuen und auch immer mehr Sportler die begrenzten Ressourcen Berge und Natur in Anspruch nehmen, sind alternative Klettermöglichkeiten zum natürlichen Fels gefragt.

Diese haben im besten Fall günstige Auswirkungen auf die Natur und anfallende Kosten, indem man als aktiver Sportler nicht regelmäßig viele Kilometer mit dem Auto oder Flugzeug reisen muss, um in den Genuss des Outdoor-Kletterns und Bouldern zu kommen.

Zusätzlich können bereits bestehende Strukturen im Siedlungsbereich durch zusätzliche Nutzung für sportliche Angebote in den Kommunen genutzt werden.

Tim Jacobs ist seit 2005 aktiv im Bereich Buildering, hat 2008 den ersten deutschen Builderingführer veröffentlicht (Builderingführer Mainz/Wiesbaden, aktualisierte 3. Auflage, 2017) und 2009 die Plattform www.buildering-spots.de gegründet.

Die zentrale Funktion der Plattform Buildering-Spots war es, jedem Sportler die Möglichkeit zu geben, selbst Orte und Gebäude einzutragen, an denen man bouldern oder klettern kann. Das Ergebnis sind etwa 200 Spots, die in diesem Buch enthalten sind.

Tim Jacobs

Parallel zur Plattform *www.Buildering-Spots.de* sind die Buildering-Spots Gruppen und Gemeinschaften bei Facebook und Google+ mit der Zeit massiv gewachsen. Der Erfolg von Buildering-Spots zeigt sich zum Beispiel auf Facebook mit über 2.000 Followern.

Im Laufe der Jahre ist das Interesse am Buildering immer wieder groß, was man an zahlreichen Medienberichten, Vorträgen und den aktiven Sportlern sieht. Insgesamt ist die Reichweite von Buildering als innovativer Form des Kletterns und Bouldern stark gestiegen und hat bereits in Deutschland mehr als 55 Mio. Menschen erreicht.

# Vorwort

In den Anfangszeiten der Kletterei war es viele Jahre lang selbstverständlich, zur Ausübung des Sportes in die Alpen, Anden oder sonstige geeignete größere Gebirge zu fahren, um dort die Natur zu genießen und seine körperlichen Grenzen zu erfahren.

Durch das Mitte der 70er Jahre aufgekommene moderne Sportklettern ist der Klettersport immer bekannter und beliebter geworden. Dadurch und durch das zurzeit fast noch beliebtere Bouldern, also das Klettern ohne Seil in Absprunghöhe, nimmt die Anzahl der im Kletter- und Bouldersport aktiven Menschen immer weiter zu. Eine normale Entwicklung in der Erfahrung und Karriere eines Kletterers oder Boulderers treibt ihn ganz natürlich irgendwann vom Indoorsport nach draußen an die natürlichen Felsen.

Im Zuge dieses Wandels ist es auch völlig üblich geworden, kleinere Wände vor Ort und Berge/Hügel in der Region zum Klettern und Bouldern zu nutzen, um seinem Hobby noch regelmäßiger und mit verkürztem Anfahrtsweg nachgehen zu können. Warum auch nicht? In Deutschland finden sich einige wunderschöne Kletter- und Boulder-Gebiete, die einiges zu bieten haben.

In den vergangenen Jahren haben die steigenden Zahlen der aktiven Sportler und der verfügbaren Hallen mit künstlichem Kletterangebot jede Erwartung gesprengt. Obwohl es Buildering schon seit über einem Jahrhundert gibt, hat sich besonders in letzter Zeit verstärkt eine Entwicklung dahingehend ergeben, den Anfahrtsweg nochmals zu reduzieren: von den Alpen zum regionalen Klettergebiet und zum urbanen Spot direkt in der Stadt.

Aus der Begeisterung, dem sportlichen Ehrgeiz sowie dem Idealismus des Kletterns und Boulderns heraus ist die Sportart Buildering entstanden. Ziel dieses Buches ist es, den aktuellen Stand der Sportart sowie dessen Chancen und Perspektiven zu verstehen und aufzuzeigen, was bereits heute möglich ist.

# Was ist Buildering?

Für alle, denen der Begriff Buildering nichts oder nur wenig sagt, sollen die folgenden Zeilen Aufschluss bringen. Buildering wird oft auch als *urban climbing*, Gebäudeklettern, Stadtklettern oder Fassadenklettern bezeichnet. Die verschiedenen Bezeichnungen geben einen guten Eindruck des zu Erwartenden: Es handelt sich um Klettern an meist öffentlichen Gebäuden oder Bauwerken. Dem Kletterer sind dabei nur die Grenzen der Phantasie und des eigenen Geistes und Körpers gesetzt.

Die Trendsportart des Kletterns und Boulderns an Gebäuden erfreut sich in den letzten Jahren immer größerer Beliebtheit und hat sich zu einer selbstständigen Sportart entwickelt. Bei der Wahl der zu kletternden Route sind dem Kletterer nur wenig Grenzen gesetzt. Die Schwierigkeitsgrade und Routenlängen variieren stark, sodass Anfänger und Fortgeschrittene Möglichkeiten finden, auf ihre Kosten zu kommen.

Es ist natürlich ein großer Unterschied, ob an einem Hochhaus geklettert wird oder beispielsweise an einer Stadtmauer, wo es primär darum geht, Boulder-Probleme zu bewältigen. Die Essenz bleibt jedoch die gleiche: Ob ein Gebäude beklettert werden kann, liegt einzig im Einfallsreichtum des Kletterers selbst.

Ursprünglich als Variante des *Free-Solo* entwickelt und praktiziert - Klettern ohne Seil und Sicherungen - folgt Buildering einer allgemeinen Trendwende des Klettersports: dem Bouldern! Das kraftintensive Klettern kurzer Routen in Absprunghöhe hat sich in den letzten Jahren immer mehr durchgesetzt. Dieser Trend lässt sich auch beim Buildering nachvollziehen. Nach Bouldermöglichkeiten in der Stadt zu suchen, ist nicht immer einfach, denn man kann nicht willkürlich irgendein Haus aussuchen und hinaufklettern. Dennoch gibt es bei genauer Betrachtung viele geniale kleine und große Wände, die sich bestens zum Buildering eignen.

Einer der bekanntesten, und wohl auch mittlerweile ältesten Builderer der Welt ist der Franzose Alain Robert. Er hat es sich zum Beruf gemacht, die höchsten Wolkenkratzer der Welt zu klettern, und das ziemlich erfolgreich. Er ist global unterwegs. Mit Projekten in den USA, Asien, Dubai und den Vereinten Arabischen Emiraten erstaunt er die Leute mit seinem Können und seiner Furchtlosigkeit.

Seine Aktionen waren meist illegal, da er ohne Genehmigung Hochhäuser in Innenstädten hinaufgeklettert ist. Alles meist ohne Sicherung! Von dieser Form des Builderings soll in diesem Buch jedoch Abstand genommen werden und im Gegenteil die Möglichkeiten der legalen Ausübung aufgezeigt werden. Für die Akzeptanz des Sportes ist es wichtig, auf Zustimmung zu stoßen und auch Kompromisse zu finden, die für eine Positionierung in der Gesellschaft akzeptabel sind. Deshalb Achtung: Nicht überall wird Buildering gern gesehen und erst recht nicht überall ist es erlaubt! Ausführliche Informationen sind deshalb im Kapitel Gesetzeslage zusammengestellt. Trotzdem, oder gerade weil es immer mehr Sportler gibt, die Buildering als legale Sportart betreiben, setzt sich Buildering immer mehr durch.

So gab es beispielsweise schon *Buildering World-Championships* in Deutschland, die von Udo Neumann und seinem Team organisiert wurden. Für alle, die nicht direkt beim Namen erstaunt sind: Ja! Udo Neumann, der Bundestrainer des deutschen Nationalkaders Bouldern.

2008 erschien der erste deutsche Builderingführer für die Region Mainz Wiesbaden (Jacobs T.: *Builderingführer Mainz Wiesbaden*, Gebro-Verlag, Immenstadt, 2008), der mit großer Begeisterung angenommen wurde. Bis heute gab es einige Neuauflagen und Ergänzungen, sodass auch weiterhin eine aktuelle Version zur Verfügung steht. Mehr Informationen zum Builderingführer Mainz/Wiesbaden sind im entsprechenden Kapitel zu finden.

Wer nach dieser kurzen Einleitung noch immer skeptisch ist, kann entweder weiterlesen oder einfach schon mal loslegen.

# Kommentar Udo Neumann

DAV Bundestrainer des deutschen Nationalkaders Bouldern, Buchautor, Filmemacher, Kletter- und Buildering-Pionier

Vor die Wahl gestellt, an einem schönen Tag am Wochenende in eine moderne Boulderhalle oder an einem Brückenpfeiler klettern zu gehen, würde ich mich immer noch für den Brückenpfeiler entscheiden!

Nachdem ich Anfang der achtziger der Jahre als Junge aus Köln, das Buildering eher als Notlösung betrieben habe, ist dies, über 30 Jahre später, wohl das schönste Kompliment, das man einer Aktivität machen kann. Neben dem „umsonst und draußen" Aspekt klettere ich einfach lieber an Strukturen, die nicht fürs Klettern gemacht sind, die man also überlisten muss. Ein Griff tut ja nicht per se weh, sondern nur, wenn man zu viel Gewicht dran hat, zu heftig dran zieht oder an dem man sich nicht optimal positioniert hat.

Aus diesem Grund ist Buildering für jeden Kletterer eine wertvolle Bereicherung und für Menschen, die sich bis jetzt nur an ergonomischen Plastik festgehalten haben, ganz besonders. Das Buildering oft an abgefahrenen Orten stattfindet, an denen man sich sonst weniger aufhält, macht die ganze Sache noch besser!

Mehr von Udo Neumann auf seiner Webseite:

http://udini.com

Udo Neumann bei der Erstbegehung von „Tausend Augen" an der Hohenzollernbrücke, Köln (1985).

# Entwicklung einer Sportart zur Gesellschaftsfähigkeit
– Wie war das beim Buildering?

## Zusammenfassung

Die Sportart Buildering (Klettern an Gebäuden) gibt es bereits seit über 120 Jahren. Aktuell steigt die Aufmerksamkeit, aber auch die gesellschaftliche Relevanz und Akzeptanz für diese Subform der beliebten Sportarten Klettern und Bouldern. Woher resultiert diese zunehmende Anerkennung für Buildering, die man an einer steigenden Anzahl von Medienbeiträgen, Veranstaltungen und letztlich den zahlenmäßig wachsenden Sportlern sieht, die selbst aktiv sind? Warum erfolgt diese Veränderung gerade jetzt und welche Wandel bedingen die Entwicklung des Sports von einer wenig tolerierten Randerscheinung zu einer gesellschaftlich akzeptierten und ökonomisch relevanten sportlichen Aktivität?

Ein Erklärungsversuch: Aufmerksamkeit, die durch Publikumsmedien und zahlreiche Beiträge mit positivem Inhalt in Zeitungen und Fernsehen gerade in den letzten Jahren verstärkt entsteht, trifft auf eine breite Basis an bereits aktiven und interessierten Sportlern (Boulderern und Kletterern), die u.a. von Vereinen wie dem Deutschen Alpenverein, der in vielen deutschen Städten bereits eigene Buildering-Kletteranlagen betreibt und damit Sportlern eine Ausgangsplattform bietet, sich selbst zu entfalten, im städtischen Raum kreativ zu werden und dabei vielleicht sogar neue Wege für zukünftige Stadtentwicklungskonzepte und eine gesellschaftliche Weiterentwicklung, bezogen auf die Sportkultur, durch urbane Zwischennutzung zu bereiten.

# Hintergrund

Die Sportarten Klettern und Bouldern werden seit Jahren immer beliebter und es werden nach wie vor mehr und mehr künstliche Hallen gebaut (aktuell etwa 400 in Deutschland), um dem Andrang der Menschen, die sich den beiden Sportarten widmen, gerecht zu werden. Aktuell sind bereits mehr als 1,2 Millionen Menschen Mitglied im Deutschen Alpenverein. Weil es zusätzlich noch eine erhebliche Anzahl an Personen gibt, die den Sport ausüben, ohne Vereinsmitglied zu sein, ist die Zahl der Menschen, die insgesamt klettern und bouldern, sicherlich noch um einiges höher. Zieht man den Rahmen noch etwas weiter und denkt an Kindergeburtstage, Firmenevents in Klettergärten und andere Veranstaltungen, zu denen potentiell neue Fans des Sportes eingeführt werden, steigt die Anzahl der einbezogenen Personen weiter, die sich in den kommenden Jahren für den Sport begeistern können.

Geht man alleine davon aus, dass eine Kletterhalle durchschnittlich von 30 Gästen am Tag besucht wird, was eine konservativ niedrige Schätzung ist, entspricht das in einem Jahr (365 Tage) ca. 11.000 Gästen einer einzigen Halle. Bei 400 Hallen in Deutschland sind dies etwa 4,4 Mio. Besucher. Da Einzelangaben von Hallen jedoch mit bis zu 180.000 Besuchern im Jahr wesentlich höher ausfallen, liegt die tatsächliche Besucheranzahl vermutlich noch erheblich höher. Angenommen, die durchschnittliche Anzahl der Hallenbesuche läge beim Großteil der Sportler bei zwei Besuchen in der Woche, entspräche das einer groben Schätzung von ca. 2,2 Mio. Kletterern und Boulderern in Deutschland.

Auch die Sportart Buildering erfreut sich seit einigen Jahren einer immer größeren Beliebtheit, was man an zahlreichen Medienbeiträgen der letzten Jahre (z.b. ZDF, n-tv, Frankfurter Allgemeine Zeitung, SWR u.a.), Veranstaltungen (Wettkämpfen in ganz Europa) und letztlich den zahlenmäßig wachsenden Sportlern sieht, die selbst aktiv sind. Im Thema involviert sind nicht nur der Deutsche Alpenverein, der in vielen deutschen Städten bereits eigene Buildering-Kletteranlagen betreibt, wie zum Beispiel an der Hohenzollernbrücke in Köln, an alten Brückenpfeilern wie in Gräfendorf oder wie in Duisburg, wo das riesige Areal eines alten Stahlwerkes zum Kletterpark umfunktioniert wurde. Auch private Kletteranlagen wie in Hamburg gibt es bereits, wo ein Hochbunker, der zur Kletteranlage umfunktioniert wurde, eine neue Verwendung gefunden hat. Der Deutsche Alpenverein der Sektion Berlin nutzt bereits Bunkeranlagen seit vielen Jahren in derselben Weise.

Aktuell kommen daher die zahlenmäßig weiter wachsenden Sportler im Bereich Klettern und Bouldern immer häufiger mit der Möglichkeit des städtischen Kletterns in Kontakt, was zu einem Anstieg der aktiven Sportler auch im Bereich des Builderings führt.

## Historie und Entwicklung

Die ersten Publikationen zum Thema Buildering erschienen bereits um 1900. In England war es ein Student namens Geoffrey Winthrop Young, der am Trinity College in Cambridge an Gebäuden kletterte und dazu bereits Bücher in Form von Kletterführern veröffentlichte. In den folgenden Jahrzehnten traten weitere charismatische Persönlichkeiten in Erscheinung, die einen maßgeblichen Einfluss auf die gesellschaftliche Wahrnehmung des Sportes hatten (siehe Tabelle 1).

| Zeitraum der Aktivität | Person | Herkunft | Öffentliche Wahrnehmung der Persönlichkeit |
|---|---|---|---|
| 1900er | Geoffrey Winthrop Young | Cambridge, England | Inspiration, Attraktion, Parodie |
| 1910er | Harry Gardiner, George Polley | New York, USA | Entertainer, Sensation, erste Bewegt Filmaufnahmen |
| 1980er | Daniel Goodwin | Kennebunkport, USA | Beauftragung bei Fragen zur Brandsicherheit; auch illegal aktiv |
| 1990er | Alain Robert | Bourgogne, Frankreich | meist illegal aktiv, provokativ |

Tabelle 1: Historie ausgewählter Persönlichkeiten, die einen maßgeblichen Einfluss auf die gesellschaftliche Wahrnehmung des Builderings hatten.

Wie in der Tabelle gezeigt, üben die genannten Builderer ihren Sport zunehmend extremer aus und verbinden ihn mit weiteren Motiven: um Aufmerksamkeit zu erregen, um zu provozieren oder um Missstände aufzuzeigen.

Diese zunehmend negative Wahrnehmung scheint sich seit wenigen Jahren mit den aktuellen Publikationen offizieller Builderingführer (Bücher, die beschreiben, wo in einer Stadt legal geklettert werden kann) zu verändern. Diese sind bereits für Mainz und Wiesbaden (2008), Berlin und Brandenburg (2005), Halle, Leipzig, Magdeburg (2013) und Wien (2015) erschienen.

Interessierte finden darin genaue Anweisungen, an welchen Orten und Gebäuden sie den Sport betreiben können. Sehr erfolgreich haben sich zudem Veranstaltungen und Wettkämpfe in Europa etabliert, die allein in den Jahren 2015 und 2016 in Italien, Österreich, Belgien sowie Spanien stattfanden.

## Aktueller Stand

Builderingführer, Veranstaltungen und das Engagement sowie die Initiative einiger Vereine haben zusammen sicherlich zur Entwicklung und positiven Wahrnehmung des Builderings maßgeblich beigetragen, was dazu geführt hat, dass Buildering in einigen Städten bereits Teil des Stadtbildes und des gesellschaftlichen Lebens geworden ist. Zwei Beispiele dafür sind Köln und Berlin. Dass Sportler an Gebäuden klettern, überrascht dort immer weniger Menschen. Ferner ist es Teil vieler Naherholungskonzepte, Freizeitaktivitäten und Initiativen für Kinder und Jugendliche geworden, wie auch in Dresden.

## Ökonomischer Impact

Es gibt bereits kommerzielle Buildering-Anlagen, die eigene Unternehmen darstellen und die sich über Eintritt/Zutritt und Kurse finanzieren, wie Kletterhallen. Die Tendenz hierbei ist grundlegend steigend. Es hat sich also bereits eine ökonomische Nische etabliert, die mit der Spezialisierung auf Buildering als besonderer Form des Kletterns und Boulderns eine Marktchance wahrnimmt, wobei sie sich aktuell immer weiter entwickelt und aktuell neue Geschäftsmodelle in Anlehnung an den Sport entstehen. Das ist der Fall bei Builderingführern, Buildering-Anlagen, Medienbeiträgen, aber auch Filmbeiträgen, wie zum Beispiel in Blockbustern wie *Mission Impossible* wo Buildering in einer der zentralen Szenen viel Aufmerksamkeit bekommt.

Darüber hinaus investieren im Outddor-Bereich aktive Firmen, die auf Buildering aufmerksam geworden sind, Geld in Buildering-Werbekampagnen. Beispiele sind *Red-Bull* und der Outdoor-Ausrüster *Mammut*.

Von diesen werden selbst Veranstaltungen, Events und sogar ganze Presse- und Marketing-Kampagnen zum Thema Buildering entworfen. Mit der Sportart Buildering zu werben scheint demnach positiv besetzt zu sein, unabhängig von der historischen teilweise negativen Wahrnehmung durch häufig illegale Aktivitäten der Protagonisten.

## Empirische Untersuchung

Um nicht nur die öffentliche Wahrnehmung abzubilden, sondern auch die Meinung von Sportlern in das heutige Bild des Sportes Buildering einzubinden, wurde eine empirische Untersuchung unter 100 aktiven Kletterern/Boulderern durchgeführt (Abbildung 1).

Die empirische Untersuchung sollte die oben beschriebenen Beobachtungen und Hypothesen mit der Meinung anderer Kletterer und Boulderer abgleichen und untersuchen. Die vorliegende Erhebung wurde online als *Web-survey* angelegt und richtete sich ausschließlich an aktive Sportler, die selbst klettern oder bouldern. Darauf wurde zu Beginn der Befragung ausdrücklich hingewiesen.

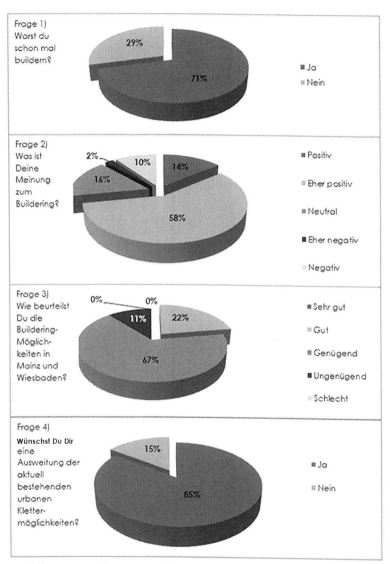

Abbildung 1: Umfrage zu Buildering unter 100 aktiven Sportlern, die selbst klettern oder bouldern

Mit 100 Teilnehmern stellt die Umfrage sicherlich kein für ganz Deutschland repräsentatives Ergebnis dar, da sie sich zudem auf die Region Mainz/Wiesbaden fokussiert, wofür es bereits einen Builderingführer gibt. Nichts desto trotz zeigt das Umfrageergebnis eindrucksvoll und überraschend, dass 71 von 100 Sportlern bereits selbst aktiv gebuildert sind (Abbildung 1, Frage 1) und darüber hinaus die grundsätzliche Bereitschaft sowie Interesse unter Kletterern sowie Boulderern, an Gebäuden zu klettern, hoch ist (Abbildung 1, Frage 2), da 88% der Befragten Buildering begrüßen bzw. Buildering als positiv/neutral einstufen (14% positiv, 58% eher positiv, 16% neutral, 2% eher negativ, 10% negativ).

Der zweite Teil der Umfrage ist ausschließlich fokussiert auf das Gebiet Mainz/Wiesbaden. Hier zeigt sich, dass es allgemein hilfreich ist, diese Spots zu beschreiben, die derzeitige Situation aber noch verbesserungsfähig ist (Abbildung 1, Frage 3; Gut: 22%, Genügend: 67%, Ungenügend: 11%). Schließlich wünschen sich selbst in Städten, in denen es bereits ausgewiesene urbane Klettermöglichkeiten gibt, 85% der Sportler noch eine Ausweitung auf mehr Spots und eine breitere Auswahl (Abbildung 1, Frage 4).

Einen Extremsport aus den Bergen in die Stadt zu transferieren, erscheint nicht für jeden als sinnvoll und wird teilweise kritisch diskutiert. Zu den häufigsten Kritikpunkten zählen Bedenken bezüglich der Beschädigung von Gebäuden und dem „wilden" illegalen Klettern an jeglichen Gebäuden.

# Chancen für Stadtentwicklung durch Zwischennutzung

Klettern im städtischen Raum ist wie Skateboarding in der 1950er Jahren eine Art, den städtischen Raum alternativ zu nutzen. Entstehen könnten beim Buildering neue Konzepte zur Stadtentwicklung durch Zwischennutzung, die eine Berücksichtigung der sportlichen Nutzung von Gebäuden von der ersten Planung an integrieren. Ähnlich, wie es bereits heute eine Umfunktionierung von wenig bis nicht genutzten Dächern zu Dachgärten gibt, was unter dem Begriff *urban gardening* verstanden wird, könnten Gebäudefassaden ebenfalls teilweise eine zusätzliche Funktion übernehmen. Es ist ein allgemeiner Trend, dass immer mehr Firmen und Betriebe eigene Fitnessstudios oder Aktivitäten anbieten, um attraktiv für Mitarbeiter zu sein. Warum also nicht mal einen anderen Weg gehen, wie dies zum Beispiel die University of Twente (Enschede, Niederlande) mit Hilfe der Architekten Arons en Gelauff umgesetzt wurde. Dort hat man die Fassade eines mehrstöckigen Studentenwohnheims zu einer beeindruckenden Kletterwand umgestaltet.

Dies zeigt ebenso, dass allgemein dem gesellschaftlichen Wunsch nach sportlicher Betätigung nachgekommen wird. Bisher beteiligen sich mit dem Deutschen Alpenverein zwar große, aber ausgewählte Partner, die der wachsenden Anzahl an Kletterern und Boulderern Chancen zur Ausübung ihres Sportes geben. Sicherlich sind die bisherigen städtischen Buildering-Spots, die der Deutsche Alpenverein und andere kommerzielle Betreiber von Sporteinrichtungen schon heute unterhalten, ein Weg in die richtige Richtung. Aber ist das schon alles? Vielmehr kann man hier über die Bedürfnisse der zukünftigen Stadtplanung und die Freizeitgestaltung in einer immer urbaner werden Gesellschaft nachdenken.

Eine zusätzliche Option besteht vielleicht in der kommenden Ermittlung und Ausweisung von Gebäuden und Orten, an denen offiziell geklettert werden kann. Dies könnte mit Unterstützung des Alpenvereins oder aber auch einer kommerziellen Institution erfolgen.

Diese Option würde auch der Argumentation kritischer Betrachter Rechnung tragen, die Buildering mit Skepsis oder Vorurteilen betrachten, da eine gezielte und offizielle Ausweisung geeigneter Gebäude und Orte erfolgen würde.

## Fazit

Mit welcher öffentlichen und medialen Wahrnehmung der Sport Buildering von der Gesellschaft verbunden wird, bestimmt, wie beschrieben, maßgeblich die Akzeptanz und Offenheit gegenüber Sportlern, denen die Gesellschaft im Alltag begegnet. Auch hier scheint sich aktuell ein positives Bild zu entwickeln, wenn Builderer kritische oder interessierte Passanten über ihre Ausübung informieren und damit zum Beispiel Vorurteilen begegnen. Dieses Verhalten kann unterstützt werden durch Builderingführer, die den Sportlern Sicherheit und Selbstbewusstsein geben und damit die positive Weitergabe Ihrer Tätigkeit unterstützen.

# Gesetzeslage:
# Buildering als legale Sportart

Neben vielen Fans, die selbst Buildering aktiv betreiben, gibt es auch Menschen, die das Hobby mit Skepsis oder Abneigung betrachten. Die Gründe dafür sind in vielen Fällen Vorurteile oder die Einschätzung, dass es sich um eine illegale Aktivität handele, die darüber hinaus noch zu Sachbeschädigung führt. Bei eben diesen Menschen, die sich in dieser Einschätzung wiederfinden, kann die Wahrnehmung von Buildering durchaus negativ sein. Um Buildering grundsätzlich zu noch größerer Akzeptanz zu verhelfen, ist es sinnvoll, dieser Einschätzung aktiv zu begegnen.

Die folgenden Informationen sollen als prägnanter Buildering-Appell zur Aufklärung und dem Abbau von Vorurteilen und Fehleinschätzungen dienen.

Grenzen beachten – illegale Aktivitäten vermeiden

**Buildering ist grundsätzlich nicht verboten. Es gibt kein Gesetz, das Klettern an Gebäuden verbietet.**

Lokal werden Verwaltungsangelegenheiten von den Kommunen geregelt, wie bspw. die Pflichtaufgaben der Gemeinden, die diesen vom Land übertragen werden. In den Städten, in denen ich selbst schon gebuildert bin bzw. angefragt habe, wurden jeweils von den vor Ort zuständigen Ämtern (i.d.R. ist es das Ordnungsamt) unterschiedliche Rückmeldungen gegeben.

**In vielen Städten gibt es keine Einschränkungen.**

Wenige Kommunen verbieten grundsätzlich das Klettern an Bauwerken und Gebäuden und haben auch schon entsprechende Verordnungen verabschiedet. Hierbei ist jedoch streng genommen der Terminus Gebäude klar zu definieren. So kommt es, dass selbst in Städten mit Builderingverbot an öffentlichen Brücken, Mauern, Ruinen etc. dennoch zahlreiche Möglichkeiten zum Klettern an Bauwerken bestehen.

Hier sollte man darauf achten, die Behinderung oder Gefährdung von unbeteiligten Personen auszuschließen. Werden zum Beispiel von Kletterern oder sichernden Personen eventuell Bürgersteige versperrt, oder wegen mangelhafter Absicherung Passanten von einem stürzenden Kletterer beeinträchtigt, ist dies nicht mehr tolerierbar. Zusätzlich muss eine Beeinträchtigung des Straßenverkehrs ausgeschlossen werden. Wenn Autofahrer wegen waghalsiger oder riskanter Klettermanöver abgelenkt werden, so gilt das als zu große Beeinträchtigung und ist nicht mehr gesetzmäßig.

**In den meisten Städten wird Buildering ohne Einschränkungen toleriert.**

## Denkmalschutz

Grundsätzlich gilt, dass das Klettern an denkmalgeschützten Gebäuden zu unterlassen ist, solange keine ausdrückliche Genehmigung der für den Denkmalschutz zuständigen Behörde vorliegt.

## Privatgebäude

Sofern an Privatgebäuden geklettert wird, muss der Eigentümer um Erlaubnis gefragt werden. Auch nach erteilter Erlaubnis ist die Haftungsfrage im Falle eines Unfalls unklar. In jedem Fall empfiehlt es sich, einen Haftungsausschluss des Eigentümers schriftlich im Vorhinein zu vereinbaren.

Zusätzlich sollten Details, wie zum Beispiel das Benutzen von Magnesia auch genauestes abgesprochen werden, um Missverständnisse zu vermeiden.

# Keine Spuren hinterlassen – „Leave your mark" als kritisches Selbstverständnis

Das Klettern stellt zwar keinen unmittelbaren Gesetzesbruch dar, darf sich aber nicht negativ auf die Fassade und Umgebung auswirken.

Bei allen Kletteraktivitäten ist darauf zu achten, keine Gebrauchsspuren am Gebäude zu hinterlassen: sei es durch Gebrauch von Chalk/Magnesia oder das Anbringen von Sicherungen. Kletterer sollten den Ort genauso verlassen, wie sie ihn vorgefunden haben. Der Slogan "Leave your mark" soll und sollte dazu auffordern, einen Spot bei Buildering-Spots.de einzutragen, auf das Hinterlassen von Spuren am Gebäude jedoch zu verzichten.

Seid also umsichtig und verantwortungsvoll! Treten nämlich Beschädigungen an Gebäuden und Beschwerden vermehrt auf, wird das Gebäudeklettern verboten werden.

## Commitment von DAV und Gemeinden

Es gibt bereits Städte und Gemeinden, in denen es eingerichtete Buildering-Spots gibt. Diese werden oft auch selbst vom Deutschen Alpenverein betreut und dienen neben Kletterhallen als offizielle Orte zum Klettern. Beispiele dafür sind Berlin, Köln oder Duisburg (als Spots hier im Buch).

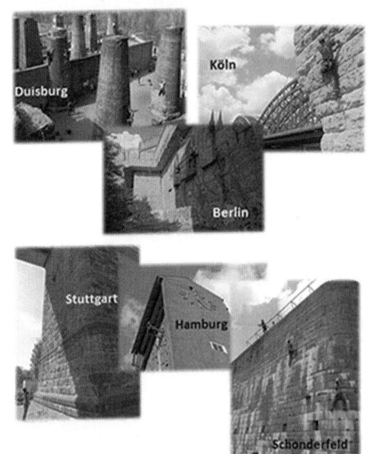

Fotos: Deutscher Alpenverein

# Buildering-Spots.de

Mit der Onlineschaltung der Seite Buildering-Spots.de 2009 wurde auch der erste Spot eingetragen! Neben den Hauptfunktionen der Seite, neue Orte und Routen einzutragen sowie abzurufen, gab es darüber hinaus ein Bewertungssystem, welches es dem Kletterer erlaubt, eingetragene Spots und Routen zu bewerten und zu kommentieren.

Buildering-Spots.de war einzigartig in seiner Ausrichtung und über einen Zeitraum von knapp 10 Jahren als Datenbank eine Sammelstätte für Spots überall in Deutschland. Darüber hinaus wurden aktuelle und spezialisierte News rund ums Klettern in der Stadt präsentiert.

Die Datenbank ist einer Runderneuerung der Seite zum Opfer gefallen, weshalb dieses Buch den Überblick konservieren und weiterhin allen Sportlern zur Verfügung stellen soll. Die Webseite www.Buildering-Spots.de existiert weiter als Online-Anlaufstelle für Informations-Suchende und alle, die sich austauschen wollen. Aktuelle Medienbeiträge und Projekte werden hier präsentiert und letztlich ist die Webseite als Homebase für alle Gruppen und Gemeinschaften zu sehen, die sich über die sozialen Netzwerke unter Buildering-Spots tummeln. Denn auf Facebook, Google+ und WhatsApp teilen bereits über 2.000 Menschen gemeinsame Inhalte, Events Fotos und mehr.

Neugierig geworden?

Dann schau vorbei auf

**www.Buildering-Spots.de!**

Buildering gibt es in etwa so lange, wie es den Alpinismus gibt. David Betjemann, 1989 in Llandudno, North Wales, UK. Foto: Alex Jones

Moritz und Tim Sebald klettern am Pfeiler der Eisenbahnbrücke Gustavsburg, Mainz-Gustavsburg
Foto: Jean-Marie Müller

Anika Bargsten hat sich am Südbahnhof in Mainz ein schattiges Sommerplätzchen gesucht. Foto: Tim Jacobs

Der lange Bogen der Eisenbahnbrücke Gustavsburg bietet ideale Vorstiegsbedingungen. Heute ist Überhangtraining angesagt. Foto: Jean-Marie Müller

# Builderingführer Mainz/Wiesbaden

Der "Builderingführer Mainz Wiesbaden" von Tim Jacobs, erschienen in erster Auflage 2008 im GEBRO-Verlag, war seit Juni 2008 im Handel erhältlich und beschrieb städtische Klettermöglichkeiten in Mainz, Wiesbaden und Umgebung. Leider war die erste Auflage des Builderingführers schon nach kurzer Zeit vergriffen.

2011 erschien die 2. überarbeitete Auflage, die 2015 erneut aktualisiert und ergänzt wurde. In der aktuellen 3. Auflage (zuletzt aktualisiert 2017) sind 17 Spots und über 170 Routen und Boulder zu finden. Auf der Onlineplattform für Kletterführer www.Enziano.com stehen die einzelnen Spots oder nach Wahl der gesamte Führer zum Download bereit.

An bestehenden Spots wurden neue Routen erschlossen und alte überarbeitet. Die neuen Spots sind wahre Herausforderungen für jeden Boulderer und Kletterer. Ob am Kran im Industriehafen oder an den *sloprigen*, abschüssigen Mauern in der Windmühlenstraße. Dabei ist das Angebot so vielseitig wie möglich. Von Sandstein, über Kalk und Granit, bis hin zu Eisen ist für jede Vorliebe ein Spot zu finden. Ob Amateur oder Profi, vom 4. bis zum 10. Schwierigkeitsgrad (UIAA) wird alles geboten. Die Anfahrt zu den jeweiligen Gebieten übertrifft nie 15 min und ist damit auch für kurze Ausflüge bestens geeignet.

Wer schon lange mal den Kneipenbesuch mit einer kleinen Trainingseinheit kombinieren wollte, für den hält Autor Tim Jacobs ein Schmankerl der besonderen Art bereit.

Für denjenigen, der in den Landeshauptstädten Mainz und Wiesbaden wohnt und sich abends noch mal kurz die Finger langziehen möchte, ohne weit fahren zu müssen, sind die hier beschriebenen Kletter- und Boulderspots innerhalb und um die Stadtgrenzen herum genau das Richtige.

Online ist der Builderingführer Mainz/Wiesbaden auf **www.enziano.com** zu finden.

Klettern über dem Rhein und dabei die Aussicht genießen an der Kaiserbrücke zwischen Mainz und Wiesbaden
Foto: Tim Jacobs

# Buildering-Spots Deutschland

Buildering-Spots finden sich überall. Die in diesem Buch beschriebenen Orte sind im Laufe der Jahre von verschiedenen Sportlern dokumentiert worden.

Tipp: Schaut immer auch bei Youtube vorbei, um nach Spots in eurer Stadt zu suchen. Häufig gibt es bereits Videos von Begehungen und Spots, die noch nicht dokumentiert sind.

Die folgende Übersicht zeigt ausgewählte Städte, in denen es eine größere Anzahl von Buildering-Spots gibt. Die Liste ist nicht vollständig und zeigt nicht alle im Buch enthaltenen Spots. Für eine detaillierte Suche ist die Übersicht im Inhaltsverzeichnis geeignet.

Die Spot-Beschreibungen beinhalten jeweils Koordinaten, Adressen, Beschreibungen, ggf. Routen inkl. Schwierigkeitsangabe (UIAA Skala) und Bildmaterial (wenn vorhanden).

| Stadt | Spots |
|---|---|
| Berlin | 5 |
| Dresden | 7 |
| Frankfurt am Main | 10 |
| Göttingen | 8 |
| Hamburg | 12 |
| Köln | 25 |
| Mainz | 6 |
| München | 6 |
| Münster und Umgebung | 40 |
| Nürnberg | 8 |

# Aachen

## Öcher Kräck

Koordinaten: 50.778602
6.074956

Adresse: Schinkelstraße 4
52070 Aachen
NRW

Schwierigkeit: 8-

Beschreibung: Eine sehr deutliche Risslinie mittig der Treppe zur Stadt hin.

Auf der Videoplattform Vimeo gibt es ein Video zum Spot:

https://vimeo.com/94670449

# Marienburg-Ehrenmal

Koordinaten: 50.78244
6.082179

Adresse: Ludwigsallee 55
52062 Aachen
Nordrhein-Westfalen

Schwierigkeit: ab 5

Beschreibung: Die Marienburg wurde im Jahr 1512 errichtet, um die äußere Stadtmauer Aachens zu verstärken. Seit 1932 ist sie ein Ehrenmal.

Markantes Sloperproblem auf der Frontalseite (Marienburg Sloper) und ca. 3-5 weitere Probleme.

# Bad Arolsen
## Meerbrücke

Koordinaten: 51.396605175116164
9.070524137573216

Adresse: Meerbrücke 1
34454 Bad Arolsen
Wetterburg Külte
Hessen

Schwierigkeit: ab 4

Beschreibung: Bahnbrücke aus Sandstein vor dem Bahnhof von Külte.

# Bad Münster am Stein

## Klagemauer Ebernburg

Koordinaten: 49.807004
7.8377272

Adresse: Ebernburg 1
55583 Bad Münster am Stein
Ebernburg
Rheinlandpfalz

Schwierigkeit: ab 4

Beschreibung: Brückenpfeiler der Brücke, die von der Straße zur Ebernburg herüberführt. Zugang vom Bolzplatz aus unterhalb der Burg oder auch vom Spielplatz aus. Routen: Quergänge; links, rechts (jeweils ohne die Kanten) und, am schwersten, die Mitte der Wand gerade hoch (Highballs). Lange trocken.

# Bad Neustadt

## ARTROCK

Koordinaten: 50.322179404403265
10.219495296478271

Adresse: Am Zollberg 7
97616 Bad Neustadt
Bayern

Schwierigkeit: ab 4

Beschreibung: ... little wall neben einer Parkbank

... das zweifingerloch ist heikel für kleinere Leute

... deshalb hat die Route auch diesen Namen ;-)

... bitte nicht chalken

... Ordnungsamt hatte nichts dagegen

... wer Lust hat kann sich bei ARTROCK Marktplatz 35 Bad Neustadt gleich piercen lassen *ggg*

# Bamberg

## Free Willi

Koordinaten: 49.86814239237786
10.910711288452148

Adresse: Bughof
96049 Bamberg (Bug)
Bayern

Schwierigkeit: ab 6+

Beschreibung: Vorstiegstraverse an einer Brücke über die Regnitz. Am Brückengeländer sind bandschlingen installiert. Von Bamberg (Jahnwiese) kommend vor der Brücke links runter. am Brückenpfeiler geht's los mit einem knackigen Einstiegsboulder.

# Theresienhain

Koordinaten: 49.880494
10.899398

Adresse: Heinrichsdamm
96049 Bamberg
Bayern

Schwierigkeit: ab 6+

Beschreibung: Vom Parkplatz Hainstraße/ Heinrichsdamm (kostenlos) Richtung Brücke.

Erster Brückenpfeiler Rückseite:

**Spareribs**, fb6b, Bug mit Seitleisten hoch an die Kante, wer möchte kann auch den Sitzstart wählen.

Zweiter Pfeiler:

**Michael Jordan**, fb6b, auf den Metallknuppel treten (evtl. mit Anlauf) und an die Kante springen.

# Bergheim

## Medio Blocks

Koordinaten: 50.954343
6.640111

Adresse: nähe MEDION
50126 Bergheim
NRW

Schwierigkeit: ab 4

Beschreibung: 3 Blöcke (Skulpturen) aus Naturstein!!
Freistehend 1,50-2,80m.
Platte-Wändchen (leicht überhängend).
Zeitweise sehr belebt (nähe Fußgängerzone)!
Beste Zeit zum rocken – sonntags (morgens)!
Echte und def. Linien von FB3-7a. 2 Proj. (assis).

## Gutenberg WALL

Adresse: Schützenstr.
50126 Bergheim
NRW

Schwierigkeit: ab 4

Beschreibung: Sandsteinmauer am unterem Parkplatz des Gutenberg GYM. (nähe Polizei).
**10 Linien** FB3-5. (5def.6a-6b).
ACHTUNG! Ausstiegsplatten stellenweise LOCKER!! (Abklopfen!!).

# Berlin

## Kynastteich

Koordinaten: 52.481269
13.377942

Adresse: Wolfring 72
12101 Berlin

Schwierigkeit: ab 4

Beschreibung: An der Wand im Park beim Kynastteich gibt es mehrere Möglichkeiten zum Klettern.

# Flak Turm (Hochbunker) - Humboldthain

**Koordinaten:** 52.547597
13.385081

**Adresse:** Im Volkspark Humboldthain
13357 Berlin

**Schwierigkeit:** ab 6

**Beschreibung:** Im Volkspark Humboldthain befindet sich ein alter Flak Turm (Hochbunker), der von der DAV-Sektion Berlin zum Klettern ausgebaut wurde. Dort befinden sich die schwersten Routen Berlins.

Klettern auf Bunkerbeton und nachträglich aufgetragenem Spritzbeton. Neben großen Einschusslöchern von Granaten und der Verschiebung eines Teils der Wand durch die versuchte Sprengung gibt es jede Menge kleine bis winzige Löcher oder aufgeschraubte Griffe, die eher fortgeschrittenen Kletterern entgegenkommen. Etwa 50 Routen, Wandkletterei, Kanten, Verschneidungen, Kamine und Sinter. Meistens zwischen 10 und 12m. Mehrere lohnende längere Varianten mit 2 oder 3m Dach und Aufstehen nach der Dachkante. Auch lange Dachvarianten.

Ausführliche Topos findet ihr hier:

http://www.climbing-area.info/gebiete/bunker/topo-1.htm

http://www.climbing-area.info/gebiete/bunker/topo-2.htm

http://www.climbing-area.info/gebiete/bunker/topo-3.htm

http://www.climbing-area.info/gebiete/bunker/topo-4.htm

http://www.climbing-area.info/gebiete/bunker/topo-5.htm

Das Beklettern der Anlage ist (aus versicherungsrechtlichen Gründen) nur DAV-Mitgliedern gestattet.

Da die Wände nach Norden gerichtet sind, kommt erst um ca. 16 Uhr Sonne in die Wand. Bei leichtem Regen bleiben die meisten Routen trocken.

Die Anlage ist immer geöffnet.

(Für DAV-Mitglieder) kostenlos.

Auszug und Bilder von:

http://www.kletterwiki.de/Bunker

http://www.climbing-area.info/

# KLETTERANLAGE

Übungsanlage des Deutschen Alpenvereins (DAV)

## SEKTION BERLIN

Die Benutzung ist nur Mitgliedern des DAV gestattet.
Für Unfälle übernimmt der DAV keine Haftung.
Eltern haften für Ihre Kinder.

Deutscher Alpenverein
Sektion Berlin e.V.
Markgrafenstr. 11
10969 Berlin
Tel. 251 09 43

## Benutzungsordnung für die Kletteranlage

**1. Berechtigung**
1.1 Nur Befugte dürfen klettern:
- Mitglieder der Sektion Berlin. Mitglieder anderer Sektionen nur nach Anmeldung bei anwesenden Aufsichtspersonen. Der gültige DAV-Ausweis muss von allen Kletterern mitgeführt werden. Ausbildungskurse und Gruppenveranstaltungen genießen Vorrang.

1.2 Nicht klettern dürfen:
- Personen, die nicht Mitglied im DAV sind.
- Kinder und Jugendliche bis zur Vollendung des 14. Lebensjahres ohne Aufsicht eines erwachsenen Befugten.
- Auswärtige DAV-Veranstaltungen.
- Personen, welche die Kletteranlage gewerblich oder kommerziell nutzen wollen.

**2. Zutritt**
2.1 Bei Gewitter darf nicht geklettert werden.
2.2 Die Anlage muss bei Einbruch der Dunkelheit verlassen werden.
2.3 Die Beauftragten der Sektion Berlin sind berechtigt, die Einhaltung der Benutzungsordnung zu kontrollieren. Ihren Anweisungen ist Folge zu leisten.

**3. Haftung**
3.1 Jeder klettert auf eigene Gefahr. Eltern haften für ihre Kinder!
3.2 Zur Sicherung müssen alle Haken/Umlenkvorrichtungen einer Route benutzt werden.
3.3 Durch das Betreten der Anlage versichert der Benutzer, dass er über grundlegende Kletter- und Sicherungskenntnisse und Einsicht in die Gefahren des Kletterns verfügt.
3.4 Für verlorengegangene und beschädigte Gegenstände wird keine Haftung übernommen.
3.5 Ansprüche auf Schadenersatz gegen die Beauftragte wegen anderer Schäden als Verletzung des Lebens, des Körpers oder der Gesundheit sind ausgeschlossen, wenn sie auf fahrlässiger Pflichtverletzung beruhen.

**4. Veränderungen/Beschädigungen**
4.1 Tritte, Griffe und Haken dürfen weder angebracht noch beseitigt werden. Beschädigungen und lose Griffe/Tritte und Haken bitten wir, der Sektion Berlin zu melden.

**5. Hausrecht**
5.1 Das Hausrecht übt die Sektion Berlin durch von ihr beauftragte Aufsichtspersonen aus.
Wer gegen diese Benutzungsordnung verstößt, kann von der Benutzung der Kletteranlage ausgeschlossen werden.

Deutscher Alpenverein – Sektion Berlin
Der Vorstand

# Klettertrum Marzahn (Wuhletalwächter)

Koordinaten: 52.563933
13.581791

Adresse: Kemberger Str. / Havemannstr. 12689 Berlin

Schwierigkeit: ab 4

Beschreibung: Beim Kletterturm handelt es sich um eine Outdoor - Anlage des DAV.
Höhe: ca 17,5 m.

Bild entnommen von:
http://www.climbing-area.info/cab_ie.htm

# Kletterturm Kirchbachspitze

Koordinaten: 52.496255
13.364671

Adresse: Alvenslebenstraße
10783 Berlin

Schwierigkeit: 3-9

Beschreibung: Die Wand wird vom DAV betreut. Während der Öffnungszeiten des betreuten Spielplatzes können die Kinder der Umgebung den Turm nutzen, wenn sie in einem Kletterkurs die grundlegenden Techniken erlernt haben.

Mitgliedern der Sektion Berlin steht der Turm während der Öffnungszeiten gleichfalls zur Verfügung.

Außerhalb der Öffnungszeiten wird der Turm für Ausbildungsveranstaltungen und für Klettertreffs der Sektion genutzt werden.

Größte Höhe: 12,5 m

Anzahl der Routen: ca. 45

Topo findet ihr unter:

http://www.climbing-area.info/gebiete/schoeneber

# Teufelsberg

Koordinaten: 52.4996539438026
13.2451128959656

Adresse: nähe Teufelsseechaussee
14193 Berlin

Schwierigkeit: 3-7

Beschreibung: Die Anlage wird vom DAV betreut.

Das Klettern am Kletterturm Teufelsberg ist nur Mitgliedern des DAV gestattet, Mitglieder der Sektion Berlin haben Vorrecht. Für Gruppen ab fünf Personen aus anderen Sektionen ist eine vorherige Anmeldung notwendig.

Größte Höhe: 9,80 m

Anzahl der Routen: über 60

Das Topo findet ihr hier:

http://www.dav-berlin.de/index.php/downloads-all/category/10-kletterturm-teufelsberg?download=239:topo-kletterturm-teufelsberg

# Bingen

## Kaiser-Friedrich-Turm Bingen

Koordinaten: 49.958846
7.900544

Adresse: Rochusberg nähe Rondell
55411 Bingen
Rheinland-Pfalz

Schwierigkeit: ab 5

Beschreibung: Der Kaiser-Friedrich-Turm befindet sich auf der Westseite des Rochusberges, dem so genannten „Scharlachkopf", in 242 m ü. NN.

**Boulder Nord-West Seite**: geschätzt fb4c,

**Boulder Süd-West Seite**: geschätzt fb5c,

**Boulder Süd-Ost Seite**: geschätzt fb4a,

Alle weiteren Infos siehe Bilder.

# Rhein-Nahe Eck

Koordinaten: 49.9692414
7.8971268

Adresse: Rheinkai
55411 Bingen
Rheinland-Pfalz

Schwierigkeit: ab 5

Beschreibung: Mehrere div. weniger hohe Boulder an Mauer rund um das Rhein-Nahe Eck möglich, u. a.: der Boulder, welcher auf dem Bild zu sehen ist: geschätzt fb5b/c (alle weiteren Infos: siehe Bild).

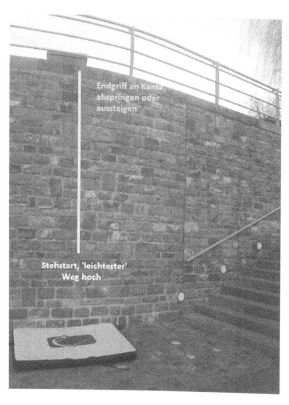

# Pfeiler der Hindenburgbrücke Bingen

**Koordinaten:** 49.970612
7.942339

**Adresse:** Hindenburgbrücke
55411 Bingen
Rheinland-Pfalz

**Schwierigkeit:** ab 5

**Beschreibung:** Die Hindenburgbrücke war eine Eisenbahnbrücke über den Rhein zwischen Rüdesheim am Rhein und Bingen-Kempten. Die Brücke wurde im Zweiten Weltkrieg zerstört und danach nicht wiederaufgebaut.

Heute kann man hier in sehr schöner Atmosphäre super Bouldern und Klettern an Routen ab dem fünften Schwierigkeitsgrad. Nach oben ist alles offen.

In der etwa 12 m hohen Wand wurden sogar Haken zur Absicherung gesetzt. Toprope sichern ist aber auch möglich.

# Mauer (Mauerweg) - Bingen-Büdesheim

**Koordinaten:** 49.9574239
7.8956876

**Adresse:** Saarlandstraße 40
55411 Bingen
Rheinland-Pfalz

**Schwierigkeit:** ab 4

**Beschreibung:** Ca. 1 km lange Mauer, mehrere div. Boulder möglich, Highballs in der Mitte der Mauer, dort besser aussteigen oder falls möglich ein wenig abklettern.

# Chemnitz

## Urban Crack Climbing

Koordinaten: 50.827880
12.911647

Adresse: Zwickauer Straße Ecke Reichsstraße
09112 Chemnitz
Sachsen

Schwierigkeit: 7

Beschreibung: Schöne urbane Risskletterei an genialem Spot.
Zu finden an der Zwickauer Str. Ecke Reichsstr. in Chemnitz.

Schaut Euch den Beitrag des mdr auf Youtube an, dann wisst ihr Bescheid. Zu finden unter der Bezeichnung „Urban Crack Climbing".

# Eisenbahndamm am Viadukt

Koordinaten: 50.824270
12.921280

Adresse: Annaberger Straße/Apollostraße 4
09111 Chemnitz
Sachsen

Schwierigkeit: ab 5

Beschreibung: Nach dem Eisenbahndamm, welcher sich nach dem Viadukt an der Annaberger Str. erstreckt, bietet sich ein leicht liegendes Gelände für fußlastige Klettereien an.

Empfehlung: Bodennaher Quergang (150m sind gut möglich). Auf diese Weise hat man zeitgleich ein richtig gutes Techniktraining und lernt seinen Schuhen zu vertrauen ;-)

# Dietfurt

## Brückenbuildering

Koordinaten:   48.936830
               10.945486

Adresse:       Radweg 1
               91757 Dietfurt
               Bayern

Schwierigkeit: ab 4

Beschreibung: Eisenbahnbrücke, am Radweg zwischen Dietfurt und Pappenheim! Feinster Jura.

# Dresden

## Bogenschütze

Koordinaten: 51.057356
13.751754

Adresse: Elberadweg
Dresden
Sachsen

Schwierigkeit: ab 4

Beschreibung: Auf der Neustädter Seite, rechts an der Albertbrücke steht der Bogenschütze. Rechter Hand unter ihm geht es los.

**Bogenschützenverschneidung**, UIAA 5

**Fingerloch**, UIAA 4-

**Kräutergarten**, UIAA 3

**Gartenpforte**, UIAA 2

(Bilder der Reihenfolge wie Beschreibung)

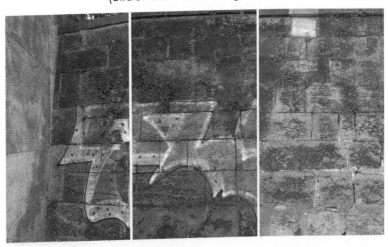

# Elbbrücke (Autobahnbrücke), Kaditzer Seite

Koordinaten: 51.073591
13.675145

Adresse: Elbebrücke
01139 Dresden

Schwierigkeit: ab 5

Beschreibung: - mittlere Schwierigkeit

- gut um stehen zu üben und Fuß-Muskulatur zu trainieren

- liegende Wand mit kleinen und mittleren Tritten und Griffen

- langer Quergang

- an beiden Rändern 2 kleine Solos - seid VORSICHTIG damit, sonst großes Aua ;)

- es wird eigentlich keine Ausrüstung gebraucht, ggf. Schuhe

An den senkrechten Wänden ist es wesentlich schwerer.

Ein Video vom Spot gibt es auf Youtube unter dem Namen „klettern in der Stadt - Dresden Kaditz - Elbbrücke/Autobahnbrücke"

# Zwickauer Straße

Koordinaten: 51.038344
13.713336

Adresse: Zwickauer Straße 66
01069 Dresden

Schwierigkeit: ab 4

Beschreibung: Eine Granitwand an der Auffahrt der Nossener Brücke über die Zwickauer Straße. Schon seit Längerem mit Gerüsthaken ausgestattet - sinnvoll bei bis zu acht Metern Wandhöhe.
Vorsicht auch bei den Wegen über den Treppen - sehr unsanftes Absprunggelände...

Die Wege in der langen Wand (unteres Bild) heißen von rechts nach links:

**Highpoint** 4 Gerüsthaken

**?** - 4 Gerüsthaken

**?** - 4 Gerüsthaken

**Zahnlücke** - 4 Gerüsthaken

**Schleifspur** - 4 Gerüsthaken

**Blaupunkt** (8a) - 2 Gerüsthaken, 1 Ring, 1 Gerüsthaken

**Rote** 8 - 3 Flachhaken

**Riß** (8) - 4 Gerüsthaken

**Steindarm** - ohne Sicherung, ca. 8m links vom Riß

Urheber des Topos und Spots ist die Klettergruppe vom Roten Baum e.V. in Dresden: http://www.roter-baum.de/klettern-in-dd

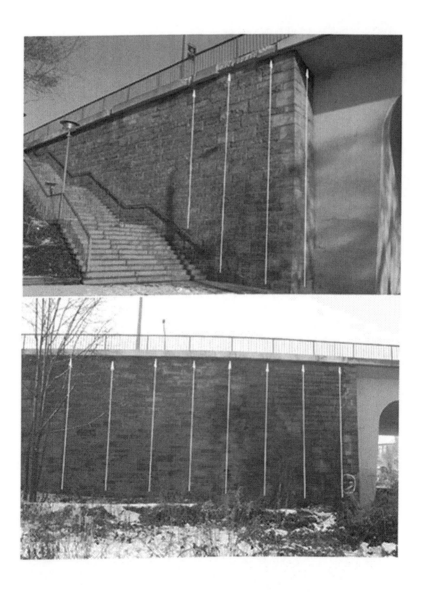

# Hasenberg & Marienbrücke

Koordinaten: 51.060056
13.735335

Adresse: Palaisgarten
01069 Dresden

Schwierigkeit: ab 4

Beschreibung: Unterhalb des Japanischen Palais steht diese schicke lange Sandsteinwand. Im Sommer sind die Touristen mitunter etwas lästig (wie auch an der Albertbrücke), aber insgesamt ist es ein sehr schickes Ambiente: Elbwiesen und Südseite.

An der Marienbrücke gibt es auch was: Leisten... Die Brückenpfeiler selbst wurden saniert, wobei alle Löcher verschwunden sind.

Urheber des Topos und Spots ist die Klettergruppe vom Roten Baum e.V. in Dresden: http://www.roter-baum.de/klettern-in-dd

# Budapester Straße

Koordinaten: 51.043018
13.722759

Adresse: Budapester Strasse 22
01069 Dresden

Schwierigkeit: ab 5

Beschreibung: An der westliche Seite des Brückenauffahrt Budapester Straße (an dem kleinen Kinderspielplatz) gibt es seit ca. 20 Jahren die folgenden definierten kurzen Kletterwege. Die Schwierigkeiten sind in der sächsischen Skala angegeben. Eine Bouldermatte ist zumindest bei den vorderen höheren Wegen sinnvoll, insgesamt ist das Absprunggelände aber eher sanft.

| | |
|---|---|
| The Nose (=Kante) 8c | Trivial Fall 8c |
| Krull 8b | Sesamstraße (2. Riß) 7b |
| The Face 9a | Halbes vom Stück 7a |
| UFO 8a | Mehlweg 7b |
| IC 8a | Tanz der Kellerassel 8a |
| ? (=1. Riß) 7b | Gebrochener Gullideckel 8b |
| TNT 9? | Get Up 7b |
| Traum vom Fliegen 9a | Affenzirkus 7b |
| Rosarotes Blümchen 8b | Blutspur (3. Riß) 7c |
| Schwarze Tulpe 8c (?) | Pappelzappel 7a |
| Milbe 8b | Cal 7c |

R&B 8c         Porsche 5

Klax 7b        Klimmzug 4

Steinbeißer 7a

Klaks (4. Riß) 5

Urheber des Topos und Spots ist die Klettergruppe vom Roten Baum e.V. in Dresden: http://www.roter-baum.de/klettern-in-dd

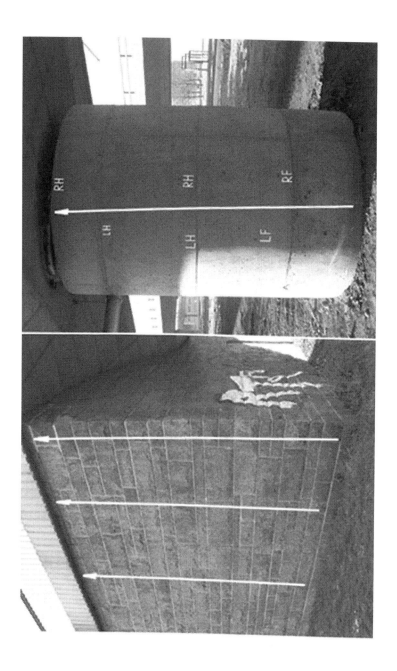

# Albertbrücke

Koordinaten: 51.058451
13.753653

Adresse: Neustadt
01069 Dresden

Schwierigkeit: ab 4

Beschreibung: An der Albertbrücke und an den umliegenden Wänden, Brücken und Unterführungen gibt es zahlreiche Routen. Hier ist für jeden etwas dabei.

Urheber des Topos und Spots ist die Klettergruppe vom Roten Baum e.V. in Dresden: http://www.roter-baum.de/klettern-in-dd

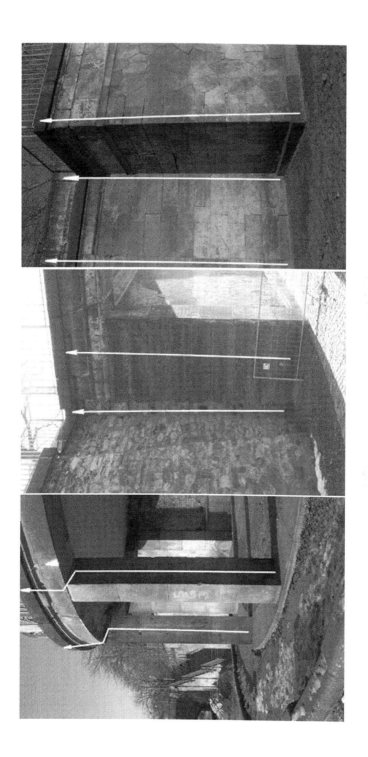

# Kletterpilz Dürerstraße

Koordinaten: 51.049413
13.771406

Adresse: Holbeinstrasse 70
01307 Dresden

Schwierigkeit: ab 4

Beschreibung: Der Kletterpilz steht frei zugänglich auf dem Gelände des Sportplatzes „Bertolt-Brecht-Gymnasium" auf der Dürerstraße in Johannstadt.

Urheber des Topos und Spots ist die Klettergruppe vom Roten Baum e.V. in Dresden: http://www.roter-baum.de/klettern-in-dd

# Duisburg

## Klettergarten DAV Landschaftspark Duisburg

Koordinaten: 51.481248
6.784606

Adresse: Emscherstraße 71
47137 Duisburg
Nordrhein-Westfahlen

Schwierigkeit: ab 4

Beschreibung: Auszug vom DAV Duisburg:
Im Jahr 1990 wurde der DAV-Sektion Duisburg ein Teil der Erzbunkertaschen des stillgelegten Eisenhüttenwerk Duisburg Meiderich für den Aufbau eines Klettergartens zur Verfügung gestellt.

Daraus hat sich bis heute ein Klettergarten mit über 550 Routen entwickelt. Damit ist er im Moment der größte Outdoor-Klettergarten Deutschlands. Die Routen im Sektor Nordparkhütte wurden überwiegend mit Hilfe aufgeschraubter, künstlicher Griffe gebaut. Er ist auch als einziger Sektor überdacht und bietet daher auch bei Regenwetter die Möglichkeit zum Klettern.

In den Sektoren 1, 2, 3, 4, 5 und 8 wurden, abgesehen von gelegentlicher Nachhilfe durch Hammer und Meißel, oft die vorhandenen Strukturen der Wände genutzt. Die Routen haben eine Länge von etwa 10m - (22m). und sind nur im Vorstieg zu begehen.

Dazu kommt ein Klettersteig mit teilweise extrem schwierigen Abschnitten (ab Mai 2005). Er ist aber so aufgebaut, dass man diese ohne Schwierigkeiten umgehen oder auslassen kann.

Detaillierte Topos gibt es auf der Internetseite des DAV Duisburg. Bilder © DAV Duisburg.

Auf Youtube gibt es zudem zahlreiche Videoeindrücke, wenn man nach „Klettern, Landschaftspark Duisburg" sucht.

# Emmering

## Kletterbrücke Eichenau

Koordinaten: 48.1840997
11.2758583

Adresse: Roggensteiner Straße
82275 Emmering
Bayern

Schwierigkeit: 5-9

Beschreibung: Auszug von buildering.muenchen.de:
Kletterbrücke Eichenau, Emmering, Roggenstein, Adolf oder Hitlerbrücke viele Namen hat dieser Spot. Die ehemalige Eisenbahnbrücke aus dem 2. Weltkrieg wurde nie richtig fertiggestellt und in Betrieb genommen. Zum Glück für die Kletterer heutzutage.

2005 sammelte sich eine Gruppe die die alten Haken durch Klebehaken ersetzten und die Sektion Oberland hat später die Kosten dafür übernommen. Nach der Aushärtezeit wurde diese auf ihre Sicherheit geprüft und als gut befunden. Nichtsdestotrotz ist hier das Klettern auf eigene Gefahr und weder die Sektion noch der Autor der Topo übernehmen dafür eine Haftung.

Im Sommer sind die unzähligen Mücken lästig, aber dafür schützen die hohen Bäumen vor den Temperaturen. Das Gebiet ist ein Naturschutzgebiet und so gibt es immer wieder Probleme mit Müll, Feuer und der Parksituation. Insgesamt gibt es über 60 Routen mit einer Bewertung von V- bis IX+.

Möglichkeiten – sehr viele (> 60 Routen)

Höhe – bis zu 7 Meter

Publikum – gering (Kletterer)

Regensicherheit – teilweise (nach Regen z. T. lange Nass)

Bei Nacht – nein

Topo: http://home.arcor.de/matthias.marke/Brueck en_Topo.pdf

# Fehmarn

## Siloclimbing

Koordinaten: 54.421924
11.191921

Adresse: Burgstaaken 50
23769 Fehmarn
Schleswig-Holstein

Schwierigkeit: ab 4

Beschreibung: Wer auf Fehmarn Urlaub macht, der tut das normalerweise nicht unbedingt zum Klettern. Doch die Insel in der Ostsee hat mit "Silo climbing" eine ganz besondere Attraktion zu bieten.

Die drei Silotürme bieten Routen mit bis zu 40 Metern Länge! Einfach Wahnsinn, kein Berg weit und breit aber dafür 40 Meter Routen.

Öffnungszeiten: Anfang April bis Ende Oktober, 10-18 Uhr ab 10 Grad. Im Sommer: open End. Parkmöglichkeiten sind vorhanden.

Insidertipp: vormittags steht die Sonne in der Wand.

Weitere Infos findet ihr auf

www.siloclimbing.com

# Fellbach

## Torbogen

Koordinaten:   48.815128
              9.235111

Adresse:      Schmiedener Straße 225
              Fellbach

Schwierigkeit: ab 4

# Flörsheim

## Klettern am Biomassekraftwerk Wicker

Koordinaten:  50.022424
              8.376641

Adresse: B 40
         65439 Flörsheim am Main
         Hessen

Schwierigkeit: ab 5

Beschreibung: Die Kletterwand am Biomassekraftwerk ist eine "normale" künstliche T-Wall Kletterwand, die an der Außenseite des Biomassekraftwerks angebracht ist.

Es gibt Routen vom 4-9 Schwierigkeitsgrad bei einer Wandhöhe von 18 m.

Weitere Infos zu Zugang usw. gibt es hier:

http://www.deponiepark.de/willkommen/auf gaben/natur-freizeit/kletterwand/

# Frankfurt

## Untermainbrücke

Koordinaten: 50.106464
8.676768

Adresse: Untermainbrücke
Frankfurt
Hessen

Schwierigkeit: ab 5+

Beschreibung: An der Untermainbrücke gibt es insgesamt vier Routen, die man mit Toprope sichern kann. Die beiden Routen auf der Sachsenhäuser Seite sind ca. einen Meter höher.

1. **"Ob8 auf den Schnabel"** (6-), Start mit Sprung, entlang der Kante nach vorne, dann über den Adler (Name der Route bedenken!) und das Vordach nach oben

2. **"Wiederaufbau"** (5+), Wie "Ob8" jedoch eine schöne Treppe statt des Sprungs zum Einstieg und an der Seite des Wappens entlang

3. **"Höhenangst?"** (6-), Einstieg mit Sprung an die Kante, dann hochdrücken, um die Ecke und dann wie bei den anderen beiden

4. **"Leise rieselt der Sand"** (5+), Treppe hoch und dann wie die anderen

# Schöne Aussicht

Koordinaten: 50.109400
 8.689465

Adresse: Schöne Aussicht
 60311 Frankfurt
 Hessen

Schwierigkeit: ab 5

Beschreibung: An der Wand unter der Schönen Aussicht kann man wunderbar in absprunghöhe buildern. Es gibt unzählige Routen und Kombinationsmöglichkeiten. Hier nur drei zum Warmwerden:

1. **"Schlüsselstelle"** (5), Rauf, rüber, runter :-) geht auch in die andere Richtung

2. **"Genieß' die Schöne Aussicht"** (6), Los geht's rechts neben der 'grünen Wand', dann nach rechts bis zum letzten umgedrehten Schlüsselloch

2a. **"Blasen an den Fingern?"** (6+), Wie "Genieß' die Schöne Aussicht" jedoch bei der Lampe umdrehen und wieder zurück

# Brückenkopf Ignatz-Bubis-Brücke

Koordinaten: 50.107045
8.692728

Adresse: Ignatz-Bubis-Brücke
60594 Frankfurt am Main
Hessen

Schwierigkeit: ab 5+

Beschreibung: Auf der Sachsenhäuser Seite der Ignatz-Bubis-Brücke gibt es ein etwas ungewöhnliches Builderproblem. "Die Glocke". Bis zum Ausstieg relativ einfach, aber der letzte Zug hat es in sich. Viel Spaß!

1. **"Die Glocke"** (6), Nach der Hälfte schräg rechts weiter, über die mittlere Kante der "Glocke" queren, dann oben auf Sie drauf, mit Ausstieg oder wieder runter

2. **"Auf in die Freiheit"** (5+), Gerade an der Kante hoch, mit oder ohne Ausstieg oben.

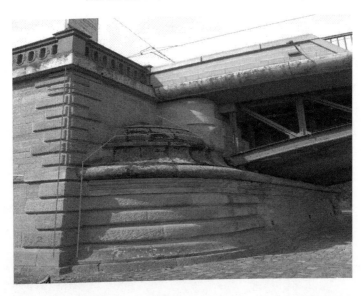

# Mainkai Boulder

Koordinaten: 50.10753363979043
8.703618049621582

Adresse: Ruhrorter Werft
Frankfurt
Hessen

Schwierigkeit: 5-9

Beschreibung: Fast Jeder hat schon davon gehört. In Frankfurt kann man dem sonst nur in weit entfernten Regionen betriebenen "Deep water Soloing" (DWS) nachgehen. Es ist vielleicht nicht ganz so warm wie in Thailand, dafür aber direkt vor der Haustür. Am Mainkai in der Frankfurter Innenstadt (Ruhrorter Werft) wird die Wand von der IG Klettern betrieben und lockt nicht nur Kletterer, sondern auch Schaulustige...

Mit der Imposanten Kulisse Mainhattens im Rücken kann man hier an lauen Sommertagen ein paar entspannte Routen gehen. Wer keine Kraft mehr hat, lässt sich einfach ins kühle Nass des Mains fallen (6m Wassertiefe).

Es handelt sich um eine 8m hohe Bruchsteinmauer aus Basalt. Die Kletterei ist Leistig und Risslastig.

Die Routen bewegen sich zwischen dem 5 (UIAA) und dem 9 (UIAA) Schwierigkeitsgrad.

Fotos: www.onsight.de

## Natursteinwand Offenbacher Landstraße

Koordinaten: 50.101453
8.693965

Adresse: Offenbacher Landtraase 29
60599 Frankfurt
Hessen

Schwierigkeit: ab 4

Beschreibung: An der Offenbacher Landtrasse gibt es in etwa auf Höhe der Hausnummer 29 eine super Wand aus Natursteinen, die sich extrem gut zum Klettern eignet.

## Senckenberg Museum

Koordinaten: 50.1182472
8.6534858

Adresse: Senckenberg Museum
60325 Frankfurt am Main
Hessen

Schwierigkeit: ab 4

Beschreibung: Auf dem Grünstreifen vor dem Senckenberg Museum (beim t-rex) steht ein Natursteinboulder. Die eine Seite hat einen leichten Überhang und ist mit Sitzstart ziemlich anspruchsvoll.

# Günthersburgpark Wand 1

Koordinaten: 50.131540
8.702233

Adresse: Günthersburgpark
60389 Frankfurt
Hessen

Schwierigkeit: ab 4

Beschreibung: Beim Parkbesuch kann man an der Sandsteinmauer nette Traversen bouldern.

Beide Wandseiten sind kletterbar.

Park & Wand: Die perfekte Verbindung aus Chillen und Aktivität!

# Günthersburgpark Wand 2

Koordinaten: 50.131488
8.704062

Adresse: Günthersburgpark
60389 Frankfurt
Hessen

Schwierigkeit: ab 4

Beschreibung: Beim Parkbesuch kann man an dieser zweiten Sandsteinmauer ebenfalls nette Traversen bouldern.

Park & Wand: Die perfekte Verbindung aus Chillen und Aktivität!

# Sachsenhäuser Mauer

**Koordinaten:** 50.1018725
8.6950375

**Adresse:** Offenbacher Landstraße 29
60599 Frankfurt
Hessen

**Schwierigkeit:** ab 5-

**Beschreibung:** Grob behauener Sandstein. (ca. 6-7m hoch) und teilweise sehr brüchig.

Bisher ist nur eine Route begangen.

**Frau Rauscher** / UIAA 5

Die Mauer liegt zwar gegenüber dem 8. Polizeirevier...

...aber auch die Jungs haben nur zugeschaut und nett gegrüßt :)

**Anfahrt:** Mit der S-Bahn bis zur Haltestelle Mühlberg. Von dort aus ca. 500m weiter Richtung Sachsenhausen. Oder mit der Straßenbahnlinie 16.

# Sportuniversität Frankfurt

Koordinaten:     50.1261956
                 8.6394575

Adresse:         Ginnheimer Landstrasse 20
                 60487 Frankfurt am Main
                 Hessen

Schwierigkeit: ab 4

Beschreibung: Bouldern an grober Sandsteinmauer. Ca. 6m hoch und 25m breit.

# Freiburg

## Kletterkartoffel

Koordinaten: 47.974740
7.821129

Adresse: Harriet-Straub-Straße 32
79100 Freiburg
Baden-Württemberg

Schwierigkeit: ab 4

Beschreibung: Die Kletterkartoffel ist ein extra zum Bouldern errichteter Block auf einem Spielplatz in Vauban.

# Freising

## Isar Brücke

Koordinaten: 48.3982846516783
11.754168738037151

Adresse: Erdinger Straße
85354 Freising
Bayern

Schwierigkeit: ab 6-

Beschreibung: An der alten Isar Brücke gibt es viele Boulder!!
Routen:
**Verschneidung**
**Highball am ersten Bogen**

# Göttingen

## Mauer Grundschule Albaniplatz

Koordinaten: 51.534128
9.941712

Adresse: Albaniplatz
37073 Göttingen
Niedersachsen

Schwierigkeit: ab 5

Beschreibung: Mehrere Klettermöglichkeiten an der etwa 3m hohen Mauer und dem 4m hohen Türmchen.

**Hello, World!**, 6-, Turmroute

# Rechtes Mauerende Grundschule Albaniplatz

Koordinaten: 51.534455
9.940059

Adresse: Friedrichstraße
37073 Göttingen
Niedersachsen

Schwierigkeit: ab 4

Beschreibung: Mehrere Klettermöglichkeiten an der etwa 3m hohen Mauer

**Schulkinder**, 4, Mauer rechts der Laterne mit Kante

**Brösel**, 5-, Mauer rechts der Laterne ohne Kante

**Rundung**, 5, Mauer links der Laterne

# Parkplatz am Rosarium, nähe Cheltenhampark

Koordinaten: 51.531184
9.940568

Adresse: Teichweg
37073 Göttingen
Niedersachsen

Schwierigkeit: ab 6

Beschreibung: Mehrere Klettermöglichkeiten rund um den Parkplatz unterhalb des Rosariums.

**Langer**, 6+, linke Mauer mit rechter Kante, interessanter Ausstieg, Achtung Treppenstufen (Crashpad!).

**Grosser Bruder**, 6, rechte Mauer ohne Kanten, interessanter Ausstieg.

# Kugel am Klinikum

Koordinaten: 51.54917
9.94114

Adresse: Klinikum
37075 Göttingen
Niedersachsen

Schwierigkeit: ab 4+

Beschreibung: Die Kugel steht am Teich vor dem Klinikum. Da sie aus Metall ist, wird sie bei Sonne unangenehm heiß. Der direkte Weg geht direkt ins Zentrum (**Bulls eye** 4+). An der Kante kommt man auch hoch (**Hook it** 6-) - möglicherweise nicht ganz elegant...

Am Pinuppel neben der Kugel kann man im Kreis traversieren (**Nuppel** 5-) - möglicherweise die kompakteste Traverse ever! :)

# Turmstraße Ost

**Koordinaten:** 51.530556
9.935364

**Adresse:** Turmstrasse
37073 Göttingen
Niedersachsen

**Schwierigkeit:** ab 4

**Beschreibung:** Netter Boulder auf die Mauer in der Turmstraße mit Ausstieg. Abstieg dann am besten über das Holztor. Die Route liegt rechts vom Holztor und links vom Parkverbotsschild. Der Startgriff für die rechte Hand ist ein relativ markanter Stein von quadratischer Form, der in ca. 2,10 m Höhe etwas hervorsteht.

Die Route bietet die Möglichkeit mit einem Dyno abzuschließen, was ich dann aber eher auf 6+/7- werten würde. Mit etwas tüfteln kommt man aber gut statisch hoch.

Die Mauer bietet sicherlich noch einige weitere Möglichkeiten. Weiter rechts wird sie allerdings etwas niedrig, worauf sich der angegebene 4. Grad bezieht.

# Wallbrücke

Koordinaten: 51.531481
9.928178

Adresse: Gartenstraße
37073 Göttingen
Niedersachsen

Schwierigkeit: ab 4

Beschreibung: Gebuildert wird am gemauerten Widerlager (http://de.wikipedia.org/wiki/Widerlager_(Brückenbau)) auf beiden Seiten unter der Brücke.

An den schrägen Mauern ist es eine Herausforderung ohne Hände hochzukommen - so schräg sind sie dann auch nicht ;)

Von der Innenstadt aus gesehen rechts unter der Brücke sind die Steine sehr scharf und ohne die Kanten zu benutzen unangenehm zu klettern. Auf der linken Seite links unter der Brücke kommt man gut ohne Kante hoch (ca. 5+). Auf der linken Seite rechts hängt oben ein Plüschschwein mit einem Geocache drin (5 mit Kante), den ihr nicht entfernen solltet.

# Verschneidung an der Unterführung zur Hospitalstraße

Koordinaten: 51.529659
9.932456

Adresse: Bürgerstraße
37073 Göttingen
Niedersachsen

Schwierigkeit: ab 6+

Beschreibung: **Hoch den Fuß!** 6+, Verschneidung rechts vom Tunnel auf der Seite Bürgerstraße. Ausstieg zum Wall.

# Parkplatz am Bismarckhäuschen

Koordinaten: 51.530037
9.930914

Adresse: Bürgerstraße
37073 Göttingen
Niedersachsen

Schwierigkeit: ab 4+

Beschreibung: Die Wand ist auf der Rückseite des Parkplatzes neben dem Bismarckhäuschen gelegen und bietet recht viele Möglichkeiten. Da die Lage der Routen zu erklären etwas schwierig ist, sind einige in die Bilder eingezeichnet. Von links nach rechts:

**Topgriff**, 5-, verläuft direkt rechts neben dem von oben bewachsenen Teil der Wand. Einige Steine auf dem Absatz sind locker, also besser nicht nach oben aussteigen.

**Brennnesselstieg**, 6

**Der lange Weg**, 5+, Route verläuft entlang mehrerer großer Löcher.

**Blinder Rentner**, 4+, Ausstieg ist schwierig da der Absatz recht schmal ist.

# Gräfendorf

Brückenpfeiler der Reichsautobahn bei Gräfendorf

Koordinaten: 50.110015
9.726431

Adresse: St2302
97782 Gräfendorf
Bayern

Schwierigkeit: ab 3

Beschreibung: Beim Kletterpfeiler bei Gräfendorf/ Schonderfeld handelt es sich um einen frei stehenden Brückenpfeiler, über dem sich nie eine Brücke spannte. Er ist das Überbleibsel der legendären Strecke 46 aus dem Dritten Reich. Das ist Klettern in entspannter Umgebung.

Der Pfeiler bietet ca. 30 Routen in den Schwierigkeitsgraden 3 - 9.

Alle Routen müssen zunächst im Vorstieg begangen werden. Wird das Seil über das Sicherungsgeländer gelegt, sind Topropes möglich.

Wandhöhe 11 Meter; bestehend aus gemauerten Sandsteinblöcken mit geschlagenen und gebohrten Griffen und Tritten.

Betreut wird der Spot von Der DAV Sektion Main-Spassart.

Bildquellen: DAV Main-Spessart & Ray Climber - Klettersteige - via-ferrata.de (http://www.via-ferrata.de).

# Hamburg

## Brücken-Bouldern am der Meenkwiese (DWS)

Koordinaten: 53.598567
9.990864

Adresse: Eppendorfer Landstr. 176
20251 Hamburg

Schwierigkeit: ab 4

Beschreibung: An der kleinen Brücke an der Meenkwiese lässt sich gut über dem Wasser Bouldern. Ist ein schöner Deep Water Buildering Spot.
Ein Boot ist (für alle die nicht nass werden wollen) notwendig.

Zugang: Eppendorfer Landstr. 176/ Meenkwiese Eingang am Restaurant "zur Alte Mühle" oder Ende Bebelalle/höhe n-joy Radio (andere Wasserseite).

# Brücken DWS - Wilhelm-Metzger-Straße

Koordinaten: 53.606207
9.994730

Adresse: Wilhelm-Metzger-Straße 31
22297 Hamburg

Schwierigkeit: ab 6

Beschreibung: An der Brücke gibt es ein paar schicke Routen.
Hier ist aus Klettern über dem Wasser, also Depp Water Buildering möglich!

# Hindenburgbrücke und Skagerakbrücke (auch DWS)

Koordinaten: 53.611787
10.009572
Adresse: Rathenaustraße 29
22297 Hamburg

Schwierigkeit: ab 5+

Beschreibung: An und um die Hindenburg- und Skagerakbrücke in der Rathenaustraße herum gibt es viele Routenmöglichkeiten, verschiedene Quergänge und eine Verschneidung die ca. bei 5+ liegt.

Eine Drahtbürste und Bouldermatte sind hilfreich.

# Hasenbergbrücke (auch DWS)

Koordinaten: 53.622817
10.028814

Adresse: Justus-Strandes-Weg 2
22337 Hamburg

Schwierigkeit: ab 5

Beschreibung: An der Brücke selbst und auf dem Platz daneben gibt es viele Möglichkeiten zu Bouldern.

Eine Bouldermatte sollte man unbedingt mitbringen.

Die Schwierigkeiten liegen meist in den 6/7 Graden.

# Iserbrooker Westwand

Koordinaten: 53.576976
9.823674

Adresse: Schenefelder Landstraße 200
22589 Hamburg

Schwierigkeit: ab 4

Beschreibung: Die Wand ist eine künstliche Kletteranlage am Kirchturm der Martin-Luther-Kirche.
Höhe: 22m

Betrieben wird die Kletterwand von der Jungen Gemeinde Sülldorf-Iserbrook. Die festen Klettergruppen und das offene Klettern werden von geschultem Personal der Gemeinde eingewiesen und betreut. Das benötigte Material wird gestellt.

Auf der Facebook Seite findest du aktuelle Informationen, Termine und Anmeldungen zu Klettergruppen und dem offenen Klettern.

# Fußgänger Brücke neben der Hudtwalckerstrasse (DWS)

Koordinaten: 53.593577
9.992889

Adresse: Tewessteg 8
20249 Hamburg

Schwierigkeit: ab 6

Beschreibung: Die Fußgängerbrücke bietet super Möglichkeiten zum Bouldern und Klettern über dem Wasser!
Ein Genuss bei 30 Grad!

# KILIMANSCHANZO - Kletterbunker

Koordinaten: 53.561537
9.961056

Adresse: Juliusstrasse 22
22769 Hamburg

Schwierigkeit: ab 4

Beschreibung: Der Kilimanschanzo ist eine alte Bunkeranlage in Hamburg an der mit Kunstgriffen Routen eingebohrt wurden.

Der Bunker befindet sich im Florapark zwischen Schulterblatt und Lippmannstraße im Hamburger Schanzenviertel.

Wandhöhe: 20 Meter

Der Bunker wird von einem Verein betrieben. Bevor man klettert muss man fix ein Formblatt ausfüllen.

Mehr Infos gibt es auf der Seite der Anlage:

http://www.kilimanschanzo.de/willkommen.html

Bild © http://www.kilimanschanzo.de

# Wandstruktur Finkenwerder Landungsbrücken

Koordinaten: 53.535762
9.878967

Adresse: Benittstraße
21129 Finkenwerder
Hamburg

Schwierigkeit: ab 4

Beschreibung: Mehrere Möglichkeiten an den Wänden der Flutschutzmauern...

# Speicherstadt: Magellan-Terrassen

Koordinaten: 53.542519
9.993019

Adresse: Magellan-Terrassen
20457 Hamburg

Schwierigkeit: ab 5

Beschreibung: Neben den dreidimensionalen Mosaik-Wänden gibt es hier in dem weltweit größten zusammenhängenden Komplex von Lagerhallen etliche Locations inklusive Brücken, Geländer und Stahlträger die zum Buildering geeignet sind. Ein Highlight ist die kletterbare Backsteinwand unterhalb des Wasserschlosses auf einer Halbinsel zwischen zwei Fleeten.

Bildercopyright @ Salewa

# Deep Water Buildering Alsterfleet

Koordinaten: 53.596413239367976
9.990125880950927

Adresse: Eppendorfer Landstraße 148B
20251 Hamburg

Schwierigkeit: ab 5+

Beschreibung: Wunderschön gelegen gibt es hier Möglichkeiten zu "Deep Water Buildering". Sehr interessante Traverse.


# Autobahnbrücke Brücke der A1 - Stillhorn

Koordinaten: 53.472726
10.023011

Adresse: E22
21079 Hamburg

Schwierigkeit: ab 6

Beschreibung: Hier gibt es große Natursteine - schön zum Klettern.

Über die Abfahrt Stillhorn - Finkenwerder Hauptdeich fährt man über die Süderelbe. Der Spot befindet sich am nördlichen Brückenkopf.

# T.R.U.D.E. (Tief runter unter die Elbe)

Koordinaten: 53.585187
10.045463

Adresse: Maurienstraße 13
22305 Hamburg

Schwierigkeit: ab 6

Beschreibung: Klettern kann man hier am Schneidrad, das zwischen 1997 und 2000 die vierte Röhre des Elbtunnels gegraben hat.

Das Klettern am Schneidrad ist zwar offiziell nicht erlaubt, wird jedoch bei entsprechender Absicherung geduldet.

Das mehr als 14 Meter hohe Rad, im Fachjargon bezeichnet als Schildvortriebsmaschiene, kann auch legal mit entsprechender Absicherung erklommen werden und erfordert eine besondere Genehmigung, oder einen entsprechenden Anlass, wie 2013, als es Teil der langen Nacht der Museen war.

Will man sich absichern, benötigt man mindestens ein 30 m Seil sowie sechs Bandschlingen und Echsen um den Koloss zu schaffen.

# Handorf

## Tiefe Wasser

Koordinaten: 51.995503
7.692232

Adresse: Sudmühle
48157 Handorf
Nordrhein-Westfalen

Schwierigkeit: ab 4

Beschreibung: Von der Sudmühle Radweg zur Fußgängerbrücke. An diesem Übergang zum Pfeiler, diesen (stark überhängend) zum Geländer.

# Husum

## Schloßpark Husum

Koordinaten: 54.479673
9.048600

Adresse: König-Friedrich V-Allee
25813 Husum
Schleswig-Holstein

Schwierigkeit: ab 5+

Beschreibung: Auszug aus boulderninnf.blogspot.de:

Dieser Torbogen ist in Husums Stadtpark gelegen. Leider gibt es keine gute Möglichkeit einer Sicherung.

Es gibt mehrere Möglichkeiten.

Höhe – geschätzt 4,5 Meter

Publikum – viel

# Husum Bahnhof

Koordinaten: 54.472762
9.056435

Adresse: Herzog-Adolf-Straße 1
25813 Husum
Schleswig-Holstein

Schwierigkeit: ab 6

Beschreibung: Auszug von boulderninnf.blogspot.de:
Bahnhofsfußgängerunterführung, Am Bahndamm Husum

Die beste Kletterstelle in Husum. Es sind einige interessante Routen möglich. Die Stelle lässt sich gut mit einem Seil sichern. Oben befindet sich ein Geländer bei dem man das Seil gut umlegen kann, um das Seil für eine Toprope-Sicherung zu nutzen.

Mehrere Routen möglich.

Höhe – geschätzt 5 Meter

Schwierigkeit – mittel bis schwer

Publikum – ziemlich viel

# Kalkar

## Klettern am Atomkraftwerk-Kühlturm

**Koordinaten:** 51.763054
6.328258

**Adresse:** Griether Straße 110-120
47546 Kalkar
Nordrhein-Westfahlen

**Schwierigkeit:** ab 4

**Beschreibung:** Klettern am Silo, klettern an Hochhäusern, warum dann nicht auch klettern im Atomkraftwerk? Das könnt ihr machen, und zwar im Wunderland Kalkar unweit von Wesel direkt am Rhein. Hier steht seit 1985 ein nie in Betrieb genommenes Atomkraftwerk, dass seit 1995 als Freizeitpark genutzt wird.

Neben Achterbahn und Wasserbahn können Gruppen hier für 55 Euro pro Stunde auch an einem 58 Meter hohen Kühlturm klettern. Zu buchen ist das Ganze allerdings nur als Paket und mit Betreuung, sich einfach seine Kletterausrüstung schnappen und dort klettern gehen, das ist leider nicht möglich.

Mehr Infos und Bilder findet man im Internet unter „Wunderland Kalkar".

# Karlsruhe

## Fasanengartenmauer

Koordinaten:  49.018619
 8.406384

Adresse: An der Fasanengartenmauer 2
76131 Karlsruhe
Baden-Württemberg

Schwierigkeit: ab 5

Beschreibung: Nördlich des Karlsruher Schlosses gibt es eine Mauer an deren Westseite gebouldert werden kann.

Die Mauer ist ca. 3 Meter hoch und kann auf etwa 120 Metern Breite genutzt werden.

# Kaufbeuren

## Stadtmauer

Koordinaten: 47.875746
10.628194

Adresse: Plärrer, Busbahnhof
87600 Kaufbeuren
Bayern

Schwierigkeit: ab 5+

Beschreibung: Alte noch stehende Stadtmauer mit vielen Varianten in verschiedenen Schwierigkeiten =)

## Alte Mühle

Koordinaten: 47.8811557
10.6245829

Adresse: Alte Mühle 1
87600 Kaufbeuren
Bayern

Schwierigkeit: ab 6

Beschreibung: Gute Kantentraverse mit zwei Cruxen.

# Köln

Brückenpfeiler an der Zoobrücke (linksrheinisch)

Koordinaten: 50.956021
6.973011

Adresse: Zoobrücke
50668 Köln
Nordrhein-Westfahlen

Schwierigkeit: ab 9

Beschreibung: Wer es genau wissen will, klettert den Brückenpfeiler an der Zoobrücke linksrheinisch am Parkplatz Zoo quer.

Da spielt die Musik im neunten Grad und ruiniert einem am rauen Granit die Finger.

Erstbegehung: Udo Neumann. Von mir wiederholt. Mit viel Aua an den Pfoten. "Einfach" nur schmerzhaft. Dennoch lohnend.

# Niehler Damm

Koordinaten: 50.991988
6.962573

Adresse: Niehler Damm
50735 Köln
Nordrhein-Westfahlen

Schwierigkeit: ab 4

Beschreibung: In Köln-Niehl kann man am an der alten Fährrampe klettern.

Erreichbar ist der Spot vom Niehler Damm mit Zugang am gelben Tor in der Nähe des Kinderspielplatzes.

Die Routen beginnen auf der alten Fährrampe, die zum Rhein hinabzieht. Die Anzahl der erreichbaren Routen ist stark vom Wasserstand abhängig. Bei normalem Wasserstand sind etwa 30 Routen in den Schwierigkeitsgraden IV- bis IX- trockenen Fußes kletterbar.

Aufgrund des oberhalb der Kaimauer installierten Gitters ist Toprope-Sicherung möglich.

# Mühlheimer Brücke

Koordinaten: 50.965266
6.991856

Adresse: Brückenpfeiler in der Rheinaue, B51
50735 Köln
NRW

Schwierigkeit: 5-8

Beschreibung: Ort: Zweiter Brückenpfeiler auf der Köln-Niehler Seite (Niederländer Ufer)

Klettermöglichkeiten: Rund um den Pfeiler senkrechte Routen und Quergänge, insgesamt etwa ein Dutzend in den Schwierigkeitsgraden V- bis VIII+

# Hohenzollernbrücke

Koordinaten: 50.94127
6.9692951

Adresse: Kennedy-Ufer
50679 Köln
NRW

Schwierigkeit: 3-7

Beschreibung: Der Klassiker! Über 10 Jahre offizielle Kletteranlage der DAV-Sektion Rheinland-Köln.

Deshalb leider schon stellenweise speckig!

Ungefähr 60 Touren von III+ bis VIII- auf 850 m, bei einer Wandhöhe von ca. 10 m.

Von November bis Februar ist das Klettern nicht erlaubt.

Kletterer, die nicht Mitglied der DAV-Sektion Rheinland-Köln sind, müssen sich in eine Liste eintragen, die in der Geschäftsstelle ausliegt.

Weitere Informationen und ein ausführliches Topo auf der Sektionsseite:

www.hzb.dav-koeln.de

Auf Youtube findet man viele Videos und bekommt einen guten Eindruck, wenn man nach „Klettern, Hohenzollernbrücke" sucht.

Uni Bibliothek

Koordinaten: 50.925741
6.928709

Adresse: Kerpener Straße 1-9
50937 Köln
NRW

Beschreibung: Schwer, gleichförmig, mit Kraftaufwand.

Kunstwerk

Koordinaten: 50.927956
6.932099

Adresse: Zülpicher Straße 70
50937 Köln
NRW

Beschreibung: Anspruchsvoll, aber schön. Er endet über der Hecke.

Unter der Brücke

Koordinaten: 50.92253
6.941219

Adresse: Eifelwall 1
50674 Köln
NRW

Beschreibung: Nette Aussparung fürs Abwasserrohr, sonst eher Standard.

## Tunnelwand

Koordinaten: 50.923077
6.936291

Adresse: Hans-Carl-Nipperdey-Straße
50939 Köln
NRW

Beschreibung: Am Tunnelausgang, ca. 5m hoch, Toprope möglich, sehr schwer.

## Hohe Mauer

Koordinaten: 50.9253866
6.9400828

Adresse: Gabelsbergerstraße 31-53
50674 Köln
NRW

Beschreibung: Sonnig, ca. 4m mit Gras davor.

## Kletterwand der Sporthochschule

Koordinaten: 50.937074
6.868359

Adresse: Am Römerhof 10
50858 Köln
NRW

Beschreibung: Umzäunt, Beton, Toprope möglich, nur nach Anmeldung.

## DrumnBass Tunnel

Koordinaten: 50.971003
6.939764

Adresse: Etzelstraße
50739 Köln
NRW

# Zülpicher Platz

Koordinaten: 50.930417
6.939784

Adresse: Zülpicher Platz 8-18
50674 Köln
NRW

Beschreibung: Fun-Boulder Laterne/ Trafo-Häuschen.

# Unter der Brücke

Koordinaten: 50.941541
6.962127

Adresse: Konrad-Adenauer-Ufer, B51
50668 Köln
NRW

Beschreibung: Viele Natursteine, ist trocken bei Regen, teilweise mit sehr breitem Fußgängerweg, BESONDERHEITEN: Überhängend und nachts beleuchtet =)

# Rudolfplatz

Koordinaten: 50.936476
6.940134

Adresse: Mittelstraße
50672 Köln
NRW

Beschreibung: Stadttor aus Basalt. Ist gut zu erreichen & teilweise regengeschützt!!

# Lange Natursteinwand

Koordinaten: 50.927817
6.937619

Adresse: Moselstraße 56-80
50674 Köln
NRW

Beschreibung: Großflächige Basaltwand am Bahndamm. Moosig, Autos parken davor, 3,5-4m hoch.

# Friedenspark / Fort (Preußenfort)

Koordinaten: 50.917628
6.967666

Adresse: Hans-Abraham-Ochs-Weg
50678 Köln
NRW

Beschreibung: Ort: Friedenspark (früher Hindenburgpark genannt), Agrippina-Ufer, Köln Altstadt-Süd

Zu erreichen ist das Preußenfort (bei der Südbrücke), indem man von der Rheinuferstraße in die Maternusstraße einbiegt und dann sofort in die Claudiusstraße.

Klettermöglichkeiten: Ostseite, Westseite, geneigte Wand, ca. 30 Routen in den Schwierigkeitsgraden V bis IX-

# Ulrepforte

Koordinaten: 50.924273
6.952951

Adresse: Ulrichgasse
50677 Köln
NRW

Beschreibung: Kirche/Tor aus Basalt
Einfach bis schwer.

## Volksgarten Tor 1

Koordinaten: 50.922928
6.943503

Adresse: Eifelstraße 39
50677 Köln
NRW

Beschreibung: Kleiner Boulder der noch von Pflanzen befreit werden muss ;-)

## Anwaltskanzlei in alter Kirch

Koordinaten: 50.934286
6.932163

Adresse: Moltkestrasse
50674 Köln
NRW

Beschreibung: Der Spot ist nachts beleuchtet und befindet sich auf Private Gelände. Ist eine Natursteinfassade.

# Geographen-Fassade

Koordinaten:  50.927357
              6.934369

Adresse:      Zülpicher Straße 49b
              50674 Köln
              NRW

Beschreibung: Leichte Kletterei dafür SEHR HOCH!!!

# Uni Mensa

Koordinaten: 50.927574
6.933649

Adresse: Zülpicher Straße 49
50674 Köln
NRW

Beschreibung: Leichte und lange Kanten.
Schöne und entspannte Kletterei!!
Die lange Fuge eignet sich zum Piazen/Rissklettern.

## Steele Am Dom

Koordinaten: 50.940803
6.958910

Adresse: Roncalliplatz 2-4
50667 Köln
NRW

Beschreibung: Die Wand ist 4-5 Meter hoch und befindet sich vor dem römisch germanischen Museum.

## Stadttor Eigelstein

Koordinaten: 50.949419
6.956855

Adresse: Eigelstein 139
50668 Köln
NRW

Beschreibung: Stadttor Eigelstein ist eine Basaltmauer.

BESONDERHEIT: trocken wenn es regnet

Es gibt viel Fläche zum Bouldern und fröhlichen Definieren.

# Die drei Steine

Koordinaten: 50.926972
6.934078

Adresse: Stauderstrasse
50674 Köln
NRW

Beschreibung: Findlinge, bis ca. 2,5m Hoch, zum drumherumbouldern.

Ist ein kurzer Sitzboulder mit zwei bis drei Zügen.

# Kleine Ecke

Koordinaten:  50.928576
              6.936277

Adresse:      Zülpicher Straße
              50674 Köln
              NRW

Beschreibung: Die großflächige Wand aus Basalt ist ca. 4m hoch, leicht zugewachsen und liegt am Fußgängerweg am Bahndamm.

# Konz

## Konzer Brücke

Koordinaten: 49.69779
6.5687

Adresse: Konzerbrück 2
54329 Konz
Rheinland-Pfalz

Schwierigkeit: ab 4

Beschreibung: Es handelt sich um einen freistehenden Steinquader von ca. 5 Metern Höhe. Er kann von allen 4 Seiten begangen werden, wobei jede Seite eine andere Schwierigkeit hat, also entweder Treppe oder 7er.

# Krefeld

## Eisenbahnbrücke am Schlachthof

Koordinaten: 51.329284
6.580442

Adresse: Dießemer Ecke Güterstraße
47799 Krefeld

Schwierigkeit: ab 4

Beschreibung: An der Eisenbahnbrücke zwischen Dießemer, Oberdießemer und Güterstr. gibt es eine Vielzahl an möglichen Routen. Wir haben uns für eine Seilsicherung mit Bandschlinge am Brückengeländer entschieden - Crashpads sollten aber für weniger schreckhafte Zeitgenossen auch okay sein... ;-)

Den Schwierigkeitsgrad (gemäß UIAA) würde ich mit 4-5 einstufen, wobei gerade auf der breiteren Seite auch deutlich schwierigere Routen zu sein scheinen - diese sind wir bisher aber noch nicht gegangen.

# Leipzig

## Aurelienbrücke

Koordinaten: 51.331698
12.329299

Adresse: Aurelienstraße 54
04177 Leipzig
Sachsen

Schwierigkeit: ab 5 bis 8

Beschreibung: Die Pfeiler der Aurelienbrücke bieten Sandstein-wände beidseitig des Rad- und Fußgängerwegs entlang des Karl-Heine-Kanals.
Achtung: (1) Die Boulder sind bis zu 4m hoch! (2) Da der Radweg viel befahren wird, ist die Engstelle der beiden Pfeiler zu Stoßzeiten kaum für Boulderer nutzbar. Kommt am besten an lauen Sommerabenden.

# Parkanlage Palmengarten

Koordinaten: 51.338142
12.345257

Adresse: Jahnallee, Zeppelinbrücke Westseite
04177 Leipzig
Sachsen

Schwierigkeit: ab 3 bis 7+

Beschreibung: Der Palmengarten liegt direkt gegenüber der DHfK-Wand, auf der anderen Seite des Elsterbeckens. Die Kalkstein-Säulen im Palmengarten bieten viele Boulderprobleme, die gelöst werden wollen, die meisten mit Sitzstart. Das Umgreifen einer Säule ist dabei selbstverständlich nicht erlaubt.

# DHfK-Wand + Zeppelinbrücke

Koordinaten: 51.339540
12.348460

Adresse: Jahnallee, Zeppelinbrücke Ostseite
04109 Leipzig
Sachsen

Schwierigkeit: ab 4 bis 9-

Beschreibung: DHfK-Wand: Ca. 30 vertikale Boulder, 3m hoch, meist mit Sitzstart, an kleinen Leisten und Löchern im Travertin-Gestein der Wand. Zusätzlich die gut 35m lange Traverse entlang der Frontseite (9-).
Zeppelin-Brücke: Schwierige Boulder beidseitig der Unterführung an den Pfeilern (ab 7+).

# Kletterturm Mockau

| | |
|---|---|
| Koordinaten: | 51.378551<br>12.418281 |
| Adresse: | Tauchaer Str. 14<br>04357 Leipzig<br>Sachsen |
| Schwierigkeit: 4 | |
| Beschreibung: | Der Kletterturm Mockau ist ein alter Wasserturm in Leipzig.<br><br>Der Turm ist eine kommerzielle Kletteranlage. 2004 ging der Kletterbetrieb hier los und bietet seitdem Routen mit bis zu 40 Meter Höhe an der Außenseite, innen geht es bis 30,5 Meter hinauf.<br><br>Es kann also an der Außenfassade, ebenso wie im Inneren des Turms geklettert werden. |
| Öffnungszeiten: | Montag 16.00 bis 24.00 Uhr<br>Dienstag bis Freitag 13.00 bis 24.00 Uhr<br>Sa., Sonn- und Feiertags 10.00 bis 22.00 Uhr<br><br>Mehr Infos: www.kletterturm.info<br><br>Bilder von kletterturm.info |

# Mainz

## Cinestar-Riss

Koordinaten: 49.993114
8.279831

Adresse: Parkhaus hinter dem Cinestar
55130 Mainz
Rheinland-Pfalz

Schwierigkeit: ab 4

Beschreibung: Geht vom alten Stadtturm am Südbahnhof bergab durch den Tunnel, so findet sich links des Ausgangs ein markanter Riss, welchen man zum Bouldern benutzen kann. Crashpad und Spotter sind hier allerdings Pflicht und man sollte auf den Fahrradständer aufpassen.

Der Riss ist recht deutlich zu erkennen, aber bei der Höhe handelt es sich schon um einen Highball, also Vorsicht. Mit einem vertrauensvollen Spotter geht alles glatt, wir leben auch noch.

# Volkspark

Koordinaten: 49.987440
8.292658

Adresse: Göttelmannstraße
55130 Mainz
Rheinland-Pfalz

Schwierigkeit: ab 4

Beschreibung: Ein kleiner Boulderspot im Volkspark, direkt am Tor "Fort Weisenau".

Links und rechts des Durchgangs gibt es ein paar niedrige Boulder verschiedener Schwierigkeiten. Je nach Definition kann man Verschneidungen oder reine

Wand klettern, vllt könnte man auch über Sitzstarts nachdenken, der Fantasie ist keine Grenzen gesetzt. Im Grunde ist es kein richtig toller Spot, nach oben sollte man aussteigen, da der Witz sonst total abhandenkommt, wobei hier auch ein Crashpad von Nutzen ist. Aufpassen sollte man auf neugierige Volksparkbesucher.

An den Wänden in der Nähe kann man noch Traversen gehen, alles in allem kann man ein paar Dinge dort vollbringen, während man sich den Rest des Tages an der Sonne im Volkspark erfreut.

Rechtliches: Ich bin mir ja nicht sicher, ob man das tatsächlich darf, ABER da bereits diverse Graffiti an den Wänden zu sehen sind, macht man im Zweifel nichts kaputter, als es schon ist.

# Rheinufer

Koordinaten: 50.0073945
8.2812119

Adresse: Rheinufer
55130 Mainz
Rheinland-Pfalz

Schwierigkeit: ab 4

Beschreibung: Noch mal etwas zum Bouldern. In der Nähe des Fort Malakoffs (ich meine, die Anlegestelle heißt auch so), befindet sich eine knapp 3m hohe, leicht geneigte Mauer, die auf den ersten Blick zu glatt zum Bouldern wirkt. In der Tat handelt es sich hierbei um eine Platte, wenn man etwas genauer hinguckt, findet man auch die eine oder andere Möglichkeit hier hohe zu kommen. Kategorie: kurze Ablenkung beim schönen Rheinspaziergang. Auf Fahrräder achten.

Etwas weiter den Rhein entlang, genau genommen auf Höhe der Rheingoldhalle, befindet sich eine weitere Mauer. Zum Bouldern ist diese relativ uninteressant, allerdings kann man sich das obere Ende einmal anschauen: es handelt sich um einen runden Absatz, so dass man hier schön eine Traverse an Auflegern üben kann - Traumfänger (Exposition) würde ich sagen, je nach Art des Quergangs (Füße an der Wand oder aufgehookt) unterschiedlich schwierig, auch hier sollte man ein Pad und einen aufmerksamen Spotter haben. Gegen Ende flacht das Mäuerchen dann ab, so dass irgendwann eine Höhe erreicht wird, in der sich niemand mehr durch Stürze verletzen sollte.

# Weißliliengasse

Koordinaten: 49.99527078093051
8.273563385009765

Adresse: Weißliliengasse
55116 Mainz
Rheinland-Pfalz

Schwierigkeit: ab 5+

Beschreibung: Vielleicht der beste Spot in Mainz! Befindet sich direkt links des bekannten Restaurants "Eisgrubbräu".

Auf der untersten Ebene, die sich parallel der Straße befindet, verlaufen von links nach rechts: "**Weg des Friedens**, 9" (an der linken, stumpfen Begrenzungskante der Mauer), die zwei unbenannten Rissverschneidungen (jeweils 5-6), dann folgt ein sehr schwerer Boulder ("**Abheben von Slunes**", 9+/10-), der schwer zu finden ist.

Markant ist einzig ein kleines Fingerloch in der Wand. Die nächste Ebene befindet sich gleich oberhalb der ersten und bietet einen langen, schönen Quergang im siebten Grad.

Einfach ganz rechts oder links beginnen und bis zum Ende bouldern...das rechte Ende befindet sich dort, wo die Kante zum Treppenaufgang liegt. Die dritte Ebene liegt oberhalb der zweiten und wird erreicht über die Treppen, die links des Eisgrubbräus beginnen.

Direkt an der linken Begrenzungskante des Eisgrubbräus gelang mir 1994 der Quergang **"Der Daumen des Panda"** (Fb 7a), der am Einstieg des **"Schweinepriesters"** (8-, die Verschneidung rechts der Tür des Uroproktologen) endet.

Zwischen beiden befindet sich der lohnende Boulder **"Dummes Mädchen"** (7+), der gerade die Wand hochgeht. An der linken Türkante des vorgenannten Arztes beginnt **"Trümmerfraktur"** (8), die zuerst als Wand- dann als Kantenkletterei bis nach ganz oben zieht.

Der auf halbem Weg zu findende Absatz ist dabei Tabu. Zwischen erstem und zweitem Fenster von rechts zieht **"Chalky Jokourt"** (9) nach oben. Leistenpetzerei par Excellence...bei der die Strukturen des Fensters (Sims, Kanten und obere Begrenzung) tabu sind.

Diese Definition gilt auch für **"Kall wie Lall"** (8+), die zwischen den nächsten beiden Fenstern links anschließend an "Chalky Jokourt" in die Höhe zieht. Links dieser **"Fensterboulder"** befinden sich an der prallen Wand von rechts nach links **"Desolat"** (8-), **"Lügendetektor für Andi"** (8-) und die **"Verschneidung"** (6+), die linke Begrenzung des hohen Teils der Mauer bildet.

Gegenüber dieser Mauer befindet sich ein kleiner Platz mit einer Bank. Links davon ist der schöne, aber auch für Publikum sehr exponierte Boulder **"Non Value"** (6+). Hier wird man an schönen Sommertagen gerne von den Kunden des "Eisgrubbräus" beobachtet.

# Green Mile

Koordinaten: 49.99389135289647
8.246655464172363

Adresse: Albert-Schweizer-Straße
55128 Mainz
Rheinland-Pfalz

Schwierigkeit: ab 7

Beschreibung: Die Wand befindet sich gegenüber der Universität. Sie bildet die Mauer zum Friedhof an der Albert-Schweizer-Straße, Kreuzung Xaeriusweg.

Die Basaltwand mit einer Breite von 50m und einer Höhe von 4-8m bietet Boulder mit Schwierigkeiten von 6 aufwärts.

**Spiderman** 8+
Der Quergang Spiderman startet beim rechten Laternenpfahl und führt am Mausoleum vorbei bis zum nächsten Laternenpfahl. Die Route ist stark fingerlastig und gutes Stehen ist von Vorteil.

**Grüffelo** 7-
Man startet am rechten Laternenpfahl, den man entweder klammert oder als Verschneidung klettert. Am oberen Ende der Mauer angekommen, kann man seitlich nach links weiterklettern und die Decksteine als Aufleger benutzen. Die Route verläuft links, bis über die Stufe der Mauer und dann bis zur Wand des Mausoleums. ACHTUNG BEIM ABSPRUNG!

# JoGu Schwimmhalle

Koordinaten: 49.991104787566975
8.243136405944824

Adresse: Unicampus
55128 Mainz
Rheinland-Pfalz

Schwierigkeit: ab 7
Beschreibung: Die Schwimmhalle steht auf dem Campus der Universität Mainz. Sie ist 23m Lang, wer hoch hinaus will kann das auch, allerdings sollte dann vielleicht ein Crashpad mit dabei sein. Die Wand ist aus rotem Backstein und die gängigsten Routen sind schon an den Chalkspuren zu erkennen.

Die Zufahrt zum Universitätsgelände ist in der Woche ab 19Uhr erlaubt, sowie am Wochenende.

Der Spot bietet eine reichhaltige Auswahl an Routen und Technikvariationen. Hier werden Kraftprotze genauso wie Techniker ihre Route finden.

**Quergang** 9/9+
Verläuft über die gesamte Länge der Wand.
Sehr fingerlastige und ausdauernde Route!!

**Verschneidung (rechte Seite)** 6, 7
Die rechte Wandseite bietet mehrere Touren, die je nach Benutzung der Verschneidung (z.B. mit 6, ohne 7) in ihrer Schwierigkeit unterschieden werden.

**Ecke (linke Seite)** 6-8
Auch hier ist Variation angesagt. Benutzt man die gesamte Gebäudeecke (Hooken!) kann man ein schöne technisch anspruchsvolle 6+ klettern. Mit nur 2 Wänden (1 Ecke) 7 (UIAA). Verwendet man nur noch die Rückwand des Schwimmbads, entsteht eine anspruchsvolle 8.

# Mannheim

## Neckarufer

Koordinaten:  49.496953
              8.461934

Adresse:  Am Salzkai
          Mannheim
          Baden-Württemberg

Schwierigkeit: ab 4

Beschreibung: Einfache Quergänge bis zum abwinken und um die Ecke eine richtig schöne Kante

# Boulder am Rheinufer

Koordinaten: 49.465892861538286
8.465781211853027

Adresse: Weinbietstraße
68199 Mannheim
Baden-Württemberg

Schwierigkeit: ab 6+

Beschreibung: Kleines aber feines Boulderproblem am Rheinufer.

# Marxen

## Eisenbahnbrücke Jesteburg

Koordinaten: 53.313578
9.979166

Adresse: Ander Aue 18
21439 Marxen

Schwierigkeit: 5-7+

Beschreibung: An der Eisenbahnbrücke aus Naturstein lässt sich sehr schön klettern. Es sind 4 Topropes über das Geländer möglich. Durch Schlaghaken ist auch das Klettern im Vorstieg möglich.

Anfahrt: A1 - Richtung Bremen bis Abfahrt Hittfeld (41), dann nach rechts abfahren auf L213\Jesteburger Straße bis Jesteburg. In Jesteburg dann hinter der Brücke am Restaurant in die Seevestrasse. Dem Verlauf der Seevestrasse folgen und bei der T-Kreuzung nach links in Grüne abbiegen und den Waldweg (Marxener Weg und dann An der Aue) bis zur Brücke weiterfahren.

# München

Maxwerk - Wasserlaufradl-Kantn

Koordinaten: 48.138408
11.593812

Adresse: Maria-Theresia-Straße 4
81675 München

Schwierigkeit: 6-8

Beschreibung: Das Maximilianswerk liegt knapp unterhalb der Maximiliansbrücke am rechten Isarufer in den Maximiliansanlagen.

Viele mögliche Routen an den strukturierten Ecken oder auch an den "glatten" Wänden für die Techniker.

# Corneliusbrücke (DWS)

Koordinaten: 48.128603
11.580008

Adresse: Corneliusbrücke
81541 München
Bayern

Schwierigkeit: ab 5

Beschreibung: Buildern unterhalb der der Corneliusbrücke in München

# Schweizer Platz

Koordinaten: 48.089146
11.479976

Adresse: Schweizer Platz 8
81475 München
Bayern

Schwierigkeit: ab 5

Beschreibung: Buildern am Kunststück im Schweizer Platz. Vordere Seite ist einfach die Seiten Schwierig.

# Wittelsbacherbrücke

Koordinaten: 48.122302
11.568618

Adresse: Wittelsbacherbrücke
80469 München
Bayern

Schwierigkeit: ab 6

Beschreibung: Auszug von buildering.muenchen: Der Spot an der Wittelsbacherbrücke ist die unumstrittene Nummer 1 in München.

Zum einen liegt das an dem wunderbaren Ambiente von Isar und Co., zum anderen an den wunderschönen meist sehr anspruchsvollen Linien. Egal ob Plattig, kraftig, Überhängend oder Verschneidung – hier wir wirklich alles geboten und die südseitige Ausrichtung lässt die Steinplatten sehr schnell wieder trocknen.

Sehr viele Routen-Möglichkeiten

Höhe – bis zu 7 Meter

Publikum – mittel

Regensicherheit – teilweise

Bei Nacht – nein

# Buildering Isarhorn

Koordinaten: 48.135919
11.589603

Adresse: Praterinsel 4
80538 München
Bayern

Schwierigkeit: ab 5

Beschreibung: Auszug von buildering.muenchen: An der Kanalmauer der Isar unterhalb der Praterinsel gibt es zahlreiche Linien von leicht bis richtig schwer. Das Gestein ist hier leider nicht immer fest, sodass einige diesen Spot meiden bzw. weniger bevorzugen. Abes an keinen anderen Ort in München kann man so gut entspannen und gleichzeitig bouldern wie hier. Des Weiteren hat man hier selten direktes Publikum, was die Sache noch reizvoller macht.

Möglichkeiten – viele
Höhe – bis zu 4 Meter
Schwierigkeit – mittel bis schwer
Publikum – sehr gering

Isarhorn – Kanalwand

# Isarhorn– Hauptwand

Möglichkeiten: viele; Höhe: bis zu 5 Meter; Schwierigkeiten: mittel bis schwer; Publikum: gering; Regensicherheit: Nein; Bei Nacht: Nein

1) Krautgarten    4bFb
2) Mitten im Dschungel    5aFb
3) ???    SD

4) Nasse Füße    SD    6bFb
5) Bastis Untergriff    SD    6c+Fb
6) Beni haast sie    SD    5bFb ohne die Fugen

Copyright by building-muiaeschen.de - Klettern und Gebrauch auf eigene Gefahr!

# Ludwig Max Universität

Koordinaten: 48.151566
11.579242

Adresse: Amalienstraße 90
80799 München
Bayern

Schwierigkeit: ab 4

Beschreibung: Auszug von buildering.muenchen: An den Säulen und Wänden der Nebenausgänge Amalien- und Adalbertstraße der Ludwig Max Universität liegt einer der TOP 10 Spots Münchens. Einerseits liegt es an den schönen Säulen, anderseits am Sandstein. Leider ist genau dieser nicht mehr fest und bröckelt an manchen Stellen. Auch wird man hier oft von Hausmeistern oder der Security beobachtet und verscheucht. Traversen, Highballs und einfache Boulder gibt es hier zu Hauf.

Möglichkeiten – sehr viele

Höhe – bis zu 5 Meter

Schwierigkeit – leicht bis schwer

Publikum – mittel

Regensicherheit – ja

Bei Nacht – teilweise

# Münster und Umgebung

## Prinzenbrücke

Koordinaten: 51.9056780
7.656011

Adresse: Prinzenbrücke
48165 Münster
Nordrhein-Westfalen

Schwierigkeit: ab 6

Beschreibung: Sandstein, ähnlich wie Kanalbrücke leider ziemlich abseits gelegen (Hiltrup ist ja schon eine andere Stadt quasi) für Lokals aber sicher eine Alternative.

# KaÜ (Alte Schiffahrt)

Koordinaten: 52.03997
7.68051

Adresse: Alte Schiffahrt
48157 Münster
Nordrhein-Westfalen

Schwierigkeit: ab 6-

Beschreibung: Kanalüberführung Gelmer bei Münster. Höhe bis 15m, es lohnt sich also auch ein Seil mitzunehmen (Toprope am Eisengeländer), viele offene Projekte.

Endlich "Boulder mit Loch" geklettert: Mit Fingerloch und Seitgriff starten, hoch zum Loch und oben raus (Fb 6a )

# DIE BRÜCKE - Telgte

Koordinaten: 51.98947876
7.77926445

Adresse: Umgehungstraße Telgte
48291 Telgte
Nordrhein-Westfalen

Schwierigkeit: ab 6+

Beschreibung: Zugang: In Telgte zum Bildungszentrum oder zur Planwiese. Unübersehbare Brücke in der Emsaue.
Kleingriffige Sandsteinleisten, Höhe bis 8m, etwa 10 Routen. Gesichert mit Bohrhaken. Bouldermöglickeit (4m) vorhanden. Regensicher.

# Kinderhaus Schleife

Koordinaten: 51.997683
7.5981187

Adresse: Brüningheide
Münster
NRW

Schwierigkeit: ab 6

Beschreibung: Rechts in der Verschneidung hoch, nach links hangeln und jung-dynamisch nach oben raus.

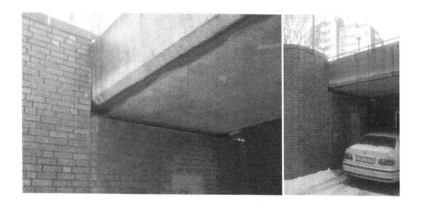

# Eisenbahnbrücke

Koordinaten:  51.92457862
7.643566131

Adresse: Lechtenbergweg
48157 Münster
Nordrhein-Westfalen

Schwierigkeit: ab 6

Beschreibung: Süße kleine Verschneidung, Fb 4b, Beton, 4m hoch. Für den Feierabend.

# Kanalbrücke

Koordinaten: 51.96822
7.663736

Adresse: Warendorfer Straße
48157 Münster
Nordrhein-Westfalen

Schwierigkeit: ab 4

Beschreibung: Der Klassiker unter den vielen Möglichkeiten in Münster: Sandstein, schön für Quergänge sonst selber definieren was einem Spass macht. Höhe bis 6m, im größten Teil 3,5m.

Rutsch, Fb 6a: Auf der Westseite rechts der rechten Kante zu zwei Auflegern. An diesen aufrichten und hochgreifen

# Schwimmbad Greven

Koordinaten: 52.0910037
7.60447025

Adresse: Schwimmbad
48268 Greven
Nordrhein-Westfalen

Schwierigkeit: ab 4

Beschreibung: Nett an der Ems gelegen findet man hier einige Probleme um sich zumindest einen halben Tag lang auszutoben. Über eine größere Fläche (schaut auch bei den Brücken) finden sich hier einige lustige Touren. Der Superhandriss ist leider zwischenzeitlich mit Tonnen von Silikon zugeschmiert, damit ist die für mich schönste Route nicht mehr kletterbar. Aber auch so finden sich noch interessante Routen.

# Speerwehr

Koordinaten: 52.0418275
7.683262

Adresse: Alte Schiffahrt
48157 Münster
Nordrhein-Westfalen

Schwierigkeit: ab 6

Beschreibung: Altes Wehr (Kalksandstein) 300m nördlich vom KaÜ.
Bislang 3 Ecken beklettert, 4. (Ost) ist offenes Projekt, wer Lust hat. zu putzen?! Auf dem zweiten Bild hintere Kante: Hui (UIAA 6). Direkt an der Süd- Kante mit Seitgriffen bis oben raus...Um an die Austiegsgriffe zu kommen muß man "einfach" die Füße höhersetzen.

# Himmelblaues Flugzeug

Koordinaten: 51.967841
7.629458

Adresse: Neubrückentor 3
Münster

Schwierigkeit: ab 4

Beschreibung: Blaues Flugzeug auf dem Spielplatz an der Promenade. Gute Möglichkeiten zu klettern an den Tragflächen und an der Nase des Flugzeugs

# Ringelpiz

Koordinaten: 51.9790
7.6600

Adresse: Schleuse Münster
48143 Münster
Nordrhein-Westfalen

Schwierigkeit: ab 4

Beschreibung: Wendeltreppe, Beton. Diverse Hangelmöglichkeiten an der Treppe selbst sowie an den umliegenden Mauern. Tipp: von der untersten Treppenstufe aus nach links aussteigen.

Leider immer ziemlich sandig, Handfeger nicht vergessen.

# Autobahnbrücke Werneweg

Koordinaten: 51.9606649
7.6261347

Adresse: Werneweg 125
Münster

Schwierigkeit: ab 5

Beschreibung: Große Brückenwand aus geschlagenem Sandstein. Auf den unteren zwei Metern teils rutschig durch Graffiti. Viele schöne Traversiermöglichkeiten und Free-Solo-Routen bis auf 10 Meter. Die gesamte Wand ist sehr technisch und kleingriffig. Auch bei Regen und Nässe kletterbar.

# Parcour

Koordinaten: 51.9606649
7.6261347

Adresse: Auf der loddenheide
Muenster
NRW

Schwierigkeit: ab 4

Beschreibung: Mitten in der Loddenheide stehen Betonelemente. Piazen, Kaminklettern, Spruenge...

# Heidekrug

Koordinaten: 52.0146
7.6390

Adresse: Rieselfelder Straße
Münster
NRW

Schwierigkeit: ab 4

Beschreibung: Findling aus feinstem Granit, groß genug zum Klettern, von zart bis hart. wer genug hat vom Zerren und pressen kann um die Ecke Bierchen trinken, Kuchen essen.

Brücke 61

Koordinaten: 51.888014
7.598891

Adresse: Davertstraße, Amelsbüren
Münster

Schwierigkeit: ab 4

Beschreibung: Brückenfundament aus Sandstein/Beton. Knackiger als an der Kanalbrücke. Auch an Brücke 62 (direkt daneben) kann Dank des Grobputzes gebuildert werden.

Schiffarter Damm/Emsbrücke - Gelmer

Koordinaten: 52.0359142
7.6822328

Adresse: Schiffarter Damm
48157 Gelmer
Nordrhein-Westfalen

Schwierigkeit: ab 4

Beschreibung: In Gelmer auf dem alten Schiffarter Damm parken (Kanuanlegestelle). Zu einem gibt es den hohen miesen Piazriss (Projekt) und dann noch das rostige Rohr (Fb 4) an der zweiten Brücke.

# Uniklinikum

Koordinaten: 51.961589
7.594985

Adresse: Albert-Schweizer-Straße
48143 Münster
Nordrhein-Westfalen

Schwierigkeit: ab 4

Beschreibung: Im unteren Parkdeck sind ein ruhig gelegenes Teilchen zu finden, der Clou ist aber sicherlich der Schulterriß: Hier hilft nur gute Technik. Zugang: Vor dem Parkdeck linkshaltend, dran vorbei, am 70iger Jahre Bau hinten rum links und Treppe runter.

# Hochbunker Hammer Straße

Koordinaten: 51.94386806
7.62249469

Adresse: Hammer Straße
48143 Münster
Nordrhein-Westfalen

Schwierigkeit: ab 4

Beschreibung: Am Nebeneingang linke und rechte Kante. Interessanter Ausstieg.

# Altes Pumpenhaus

Koordinaten: 51.9734262
7.6363882

Adresse: Gartenstraße
48143 Münster
Nordrhein-Westfalen

Schwierigkeit: ab 4

Beschreibung: klein aber lustig...
Direkt an der Kreuzung Ring/Gartenstraße.
Höhe 3m. Mit Sitzstart noch lustiger.

# Eulenkäfig

Koordinaten: 51.96098
7.6122379

Adresse: Himmelreichallee 50
48149 Münster
Nordrhein-Westfalen

Schwierigkeit: ab 4

Beschreibung: Aus Baumberger Sandstein gemauert, leider nicht sehr hoch, dafür mit Bögen und Verschneidungen. Schön im Park gelegen. In 15om Entfernung steht zudem noch ein Ziegeltürmchen, ein richtiger kleiner Gipfel. Schwierigkeit: von 3+ bis 7-. In Usual Madness ist auch Fassade der Schule zu sehen.

# KZ Türmchen

Koordinaten: 51.9653968
7.61378288

Adresse: Hindenburgplatz
48143 Münster
Nordrhein-Westfalen

Schwierigkeit: ab 7

Beschreibung: Hässlich und knackig, Projekt. Vor dem Schloss rechts. 4m hoch Grundfläche 2-mal 2m. Nicht zu übersehen.

# Stein

Koordinaten: 51.9907473
7.615842

Adresse: Salzmannstraße
48143 Münster
Nordrhein-Westfalen

Schwierigkeit: ab 4

Beschreibung: Granitbrocken 2,5m hoch, nur 375m von der high hill kletterhalle entfernt. Viel Spaß.

# Bahnbunker

Koordinaten: 51.9489205780
7.6339530944

Adresse: Hafenstraße
48153 Münster
Nordrhein-Westfalen

Schwierigkeit: ab 6

Beschreibung: 4m hoch unbestiegen da doch recht schwer.... An einer Stelle gibt es eine Möglichkeit entdeckt, geht doch mal nachschauen. Neulich dagewesen, unbedingt Heckenschere und Ast-Säge mitbringen!

Zugang: auf der Bahnhofstraße zwischen den beiden Brücken in Richtung der alten Fahrrad-Fundstation. Links befindet sich ein baugleiches Modell, leider total begrünt. Weiter am AMP vorbei und rechtshaltend am gesamten Hallenkomplex (bestimmt 500m) vorbei. An der Stirnseite befindet sich das Objekt.

Umgehungsstraße

Koordinaten: 51.93474035
7.61043548

Adresse: Weseler Straße
48151 Münster
Nordrhein-Westfahlen

Schwierigkeit: ab 7

Beschreibung: Kleingriffig laut und schmutzig ... aber schwer. Mit Büste für den Feinstaub viele Möglichkeiten erschließbar. Mehrere Wände im Bereich Kappenberger Damm/Autobahnzubringer.

Faustriss

Koordinaten: 51.921464
7.633018

Adresse: Sonnenbergweg 12-18
48165 Münster
Nordrhein-Westfalen

Schwierigkeit: ab 4

Beschreibung: Zweite Eisenbahnbrücke auf dem Sonnenbergweg vom Kanal ausgesehen. Aus dieser Richtung kommend liegt der Faustriss vorne rechts. Riss ist 3,0 - 3,5 m lang und endet 0,5 m vor dem Ausstieg.

# Skater-Park

Koordinaten: 51.9650312
7.5664169

Adresse: Dieckmannstraße
48143 Münster
Nordrhein-Westfalen

Schwierigkeit: ab 4

Beschreibung: Spielzeug für Kinder mit einem einzigen abdrängenden Wändchen. Ein paar schöne Züge lassen sich aber doch finden. Im Bild ganz links der schwarze Schatten: das ist sie.

## Kanonengraben

Koordinaten: 51.9567404
7.6221214

Adresse: Kanonengraben
Münster
NRW

Schwierigkeit: ab 4

Beschreibung: Kalksteinmauer, gut für Traversen direkt über die Straße am Aasee.


## Hansa Schule

Koordinaten: 51.9606649
7.6261347

Adresse: Hansaring 80
48155 Münster
NRW

Schwierigkeit: ab 6-

Beschreibung: Der Untere Teil der Hansa Schule am Hansaring ist eine nette Traverse. Die Fenster kann man als Griffe nutzen, und auch als Tritte für Anfänger...

# Elefant

Koordinaten: 51.9504
7.6426

Adresse: Am Mittelhafen
48147 Münster

Schwierigkeit: ab 4

Beschreibung: Direkt am Hafen in Münster steht ein Betonmonster. Ziel ist es ohne Unterstützung an die Leiter zu kommen. Der Weg durch das Mauseloch steht noch aus.

# Parkdeck Zentrum Nord

Koordinaten: 51.982659
7.63399

Adresse: Nevinghoffstraße
Münster

Schwierigkeit: ab 4

Beschreibung: Nach Feierabend und am Wochenende steht hier kein Auto mehr, so kann man in Ruhe buildern.

## Kanalbrücke Albachener Straße

Koordinaten: 51.926003
7.522759

Adresse: Albachtener Straße
Münster

Schwierigkeit: ab 4

Beschreibung: Klettern an Beton.

## Piazriß

Koordinaten: 51.937836
7.62983

Adresse: Königsweg
48143 Münster
Nordrhein-Westfalen

Schwierigkeit: ab 4

Beschreibung: 4m hoher Piazriß. Vom SkaterPalast kommend am Ende der Eisenbahnunterführung. Beton, mit Latschen kletterbar.

# AA-See

Koordinaten: 51.9571244
7.6178033

Adresse: Aasee
Münster
NRW

Schwierigkeit: ab 6

Beschreibung: Wem es beim Chillen am Aasee zu langweilig wird, der kann den wet wet wet kletten: Direkt am See links oder rechts: immer am Mäuerchen entlang queren, die obere Kante ist tabu. Doch Vorsicht: wer abrutscht bekommt ein Gratisbad. Zudem gibt es noch die bekannten Kugeln: der Kamin zwischen dem Pärchen ist nicht unbedingt einfach. Außerdem soll es noch an der Einzelkugel eine Möglichkeit geben hinauf zu kommen??

Und an der Unterführung bei der neuen Fußgängerbrücke gibt es auch mehrere Möglichkeiten.

## Westfalenparkplatz

Koordinaten: 51.952279
7.635948

Adresse: Albersloher Weg 1
Münster

Schwierigkeit: ab 4

Beschreibung: Leicht geneigte Betonmauer mit Rissen, Verschneidungen und einem Pfeiler.

## Eisenbahnbrücke Kanalhafen

Koordinaten: 51.9411857
7.6399183

Adresse: Nieberding
Münster

Schwierigkeit: ab 4

Beschreibung: Sandstein

Trafoverschneidung

Koordinaten:  51.9215298
              7.6339955

Adresse:      Sonnenbergweg
              Münster

Schwierigkeit: ab 4

Beschreibung: Am Sonnenbergweg nun der 2. Spot: Verschneidung hinterm Trafohäuschen. Beton mit Kieseln und kleinen Leistchen.

Kanalbrücke Flaesheim

Koordinaten:  51.71266
              7.26563

Adresse:      Flasheimer Straße 600
              45721 Haltern am See
              NRW

Schwierigkeit: ab 7

Beschreibung: Einstieg links unter der Brücke, um die Ecke, Wand queren und auf der anderen Seite um die Ecke aussteigen.

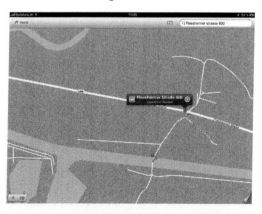

Dorfbauernschaft, Kanalbrücke

Koordinaten: 51.8587626
7.4826357

Adresse: Dorfbauernschaft
48308 Senden

Schwierigkeit: ab 4

Beschreibung: Betonbrücke. Zum Aufwärmen gibt es ein Regenrohr, an der anderen Kante was ziemlich Knackiges mit einer rostigen Schraube als alles entscheidendem Griff.

Kanalbrücke Senden

Koordinaten: 51.8587626
7.4826357

Adresse: Gettruper Straße
Senden

Schwierigkeit: 4

Beschreibung: Im spitzen Winkel der Brückenpfeiler ist es möglich mittels Spreiztechnik sich nach oben zu arbeiten.

# Tunnel Davensberg

Koordinaten: 51.8175
7.5916667

Adresse: Bahnhof
Davensberg

Schwierigkeit: 4

Beschreibung: Langer Tunnel unterm Bahnhof Davensberg. Dank Erosion gibt es 4 Möglichkeiten sich die Finger langzuziehen.

# Eisenbahnbrücke Amelsbüren

Koordinaten: 51.885409
7.605764

Adresse: Ottmarsbocholter Straße
Amelsbüren

Schwierigkeit: ab 4

Beschreibung: Basalt ist hier für die Verkleidung der Brücke genommen worden. Also fast wie Naturfels. Auch bei Regen sind weite Teile trocken...

# Neuenkirchen

## Big block

Koordinaten: 52.510785
8.065556

Adresse: Mesumer Straße
Neuenkirchen/Westf

Schwierigkeit: ab 4

Beschreibung: Das ist ja mal was Feines: schöner fester Sandstein auf der grünen Wiese

# Nordstrand

## Boulder/Traverse am Ehrenmal

Koordinaten: 54.488125
8.849086

Adresse: Am Ehrenmal 1A
25845 Nordstrand
Schleswig-Holstein

Schwierigkeit: 6+

Beschreibung: Auszug von boulderninnf.blogspot.de:

Boulder/Traverse am Ehrenmal, Süden Nordstrand

Sehr interessante Klettermöglichkeit! Kann als sehr lange Traverse mit anspruchsvollen Stellen geklettert werden und der erhöhte Mittelbereich lässt einige Boulderspielereien zu. Das ist die Rückseite von einem Ehrenmal, da es um die Rückseite geht, kann sich auch niemand gestört fühlen. Anders ausgedrückt es bekommt nicht mal jemand mit, das auf der Rückseite geklettert wird.

Höhe – geschätzt 2,5 Meter

Schwierigkeit – schwer

Publikum – sehr gering

# Nürnberg

With just one glance

Koordinaten: 49.455522
11.058300

Adresse: Brückenstraße
90419 Nürnberg
Bayern

Schwierigkeit: ab 4+

Beschreibung: Zweiter Brückenpfeiler südöstlich.

Höhe ca. 9m.

Sicherung über Toprope am Geländer

Feinster Sandstein mit teilweise großen Ausbrüchen, die gut als Griffe genutzt werden können.

Direkt am Wasser.

Bis auf ein paar Spaziergänger ist man hier meistens alleine.

Der Einstieg ist links, landseitig (und nicht die geschlagenen Stufen).

Der Ausstieg ist ebenfalls links auf den Gehweg.

Die gesamte Route bewegt sich eher im Bereich 4+, die höhere Wertung ergibt sich durch den Überhang bedingt durch das Gesims am Ausstieg.

Der Pfeiler steht exemplarisch für die anderen drei und ist der einfachste.

# Stromhäuschen

Koordinaten: 49.431734
11.108957

Adresse: Bayernstraße
90471 Nürnberg
Bayern

Schwierigkeit: ab 5

Beschreibung: Ein einsames Stromhäuschen mitten auf dem Volksfestplatz lockt mit einigen Routen.

# Wöhrder Wiese

| | |
|---|---|
| Koordinaten: | 49.452812<br>11.087157 |
| Adresse: | Prinzregentenufer 3<br>90489 Nürnberg<br>Bayern |
| Schwierigkeit: | ab 5+ |
| Beschreibung: | Ein sehr schön gelegenes Plätzchen. In grüner Umgebung und fast immer sonnig. Die Wand ist etwa 5 Meter hoch und sehr griffig. |
| Routen: | **Der Prinzregent**, Fb 5a, schöne, einfache Verschneidung oder auch als Piaz möglich |
| | **Headwall**, Fb 5c+, in der Mitte der Wand gerade rauf und über den Abschlusswulst aussteigen |
| | **Schichtstufenkalk**, Fb 5c, ähnlich wie "Headwall", nur hat man im Abschlusswulst zusätzlich einen Riss |
| | **Crackin' up**, Fb 6c, der Fingerriss rechts in der Mauer |

**Wöhrder Wiese**

1) Der Prinzregent   Fb 5a    B.Köstler '09
2) Headwall          Fb 5c+   B.Köstler '09
3) Schichtstufenkalk Fb 5c    T.Plail '09
4) Crackin' up       Fb 6c    B.Köstler '09

# WiSo Nürnberg

Koordinaten: 49.458078
11.085066

Adresse: Lange Gasse 20
90403 Nürnberg
Bayern

Schwierigkeit: ab 6-

Beschreibung: Lustiges Steh-/Reibungsproblem auf dem WiSo Gelände. Vorteil dieses Spots: durch die Überdachung klettert man hier auch bei Regen im Trocken!

**Wallride**, Fb 5b, die rote Backsteinplatte immer weiter rauf.

# U-Bahnhof Sündersbühl

Koordinaten: 49.441832
11.043672

Adresse: Rothenburgerstr. 198
90439 Nürnberg
Bayern

Schwierigkeit: ab 6+

Beschreibung: Ein kurzer, sehr glatter und etwas trickreicher Boulder.

**Glatt is'**, Fb 6a

# Waschbetonmauer

Koordinaten: 49.428553
11.097645

Adresse: Ingoldstädter Straße
90461 Nürnberg
Bayern

Schwierigkeit: ab 8

Beschreibung: Die insgesamt 50 Meter lange Mauer aus Waschbeton befindet sich in der Ingolstädter Straße südlich des Bundesamts für Migration und Flüchtlinge. Die Traverse wird ohne die obere Mauerkante geklettert und ist etwa 10 Meter lang (siehe Topofoto). Die Kletterei ist wegen der kleinen Griffe und Tritte sehr fingerlastig. Momentan wird noch an einer Verlängerung der Traverse gebastelt.

# Westmauer

Koordinaten: 49.455090
11.069811

Adresse: Westtorgraben/Hallerwiese
90429 Nürnberg
Bayern

Schwierigkeit: ab 7+

Beschreibung: Einfach von Stadtring aus zur Hallerwiese runterlaufen und dann nach rechts wenden. Im Sommer kann man hier nicht klettern, da dann ein Café an dieser Stelle aufgebaut ist.

**Sandcafé**, 7+

Über die zwei Fenster und den Regenabfluss gerade die Sandsteinmauer hoch. Oben aussteigen.

# Kongresshalle

Koordinaten: 49.431109
11.112585

Adresse: Bayernstraße
90471 Nürnberg
Bayern

Schwierigkeit: ab 4

Beschreibung: Die Kongresshalle am Dutzendteich bietet einige Boulder im Granitgestein (größtenteils regensicher). Die Boulder befinden sich an der Südwestseite des Gebäudes. Topos dazu unter den Bildern.

# Paulsdorf/Dippoldiswalde

## Malterbrücke (Paulsdorf)

Koordinaten: 50.916761
13.647616

Adresse: Talsperrenstraße 25
01744 Dippoldiswalde
Sachsen

Schwierigkeit: ab 5

Beschreibung: Bei heißem Wetter lieber baden statt klettern? Warum nicht Beides?! An der Talsperre Malter gibt es eine Brücke in Ort Paulsdorf, dessen Mittelpfeiler im tiefen Wasser steht und super beklettert werden kann. In unmittelbarer Umgebung befinden sich auch gute Stellen an denen man sich "hin-matten" kann.

Tipp: wenn ihr mit dem Auto anreist, haltet euch an die ausgeschriebenen Parkplätze, sonst hat man relative sicher ein Knöllchen!

Begangene Routen an diesem Spot:

"Schuster bleib bei denen Leisten!" (Ostwand) UIAA: 7

"Be dry or die" (Westwand) UIAA: 7-

"Umrundung mit der Sonne" UIAA: 5

"Umrundung entgegen der Sonne" UIAA: 5

Bei der Ost- und Westwand ist das "Top" jeweils der hervorstehende Stein unterhalb des Rohres ziemlich weit oben. Einstieg an der jeweiligen Wand.

Bei den Umrundungen könnt ihr den Einstig frei wählen, wichtig ist halt nur einmal komplett rum!

PS: Die Schwierigkeiten sind rein subjektiv (ich habe kaum Vergleiche) und außerdem bin ich immer hingeschwommen, solltet ihr irgendwie trockenen Fußes dort hinkommen könnte es leichter sein!

Viel Spaß beim tüfteln ;-)

# Passau

## Passau UNI Campus [NK-Wiese]

Koordinaten: 48.568118
13.452486

Adresse: Innstraße
94032 Passau
Bayern

Schwierigkeit: ab 7+

Beschreibung: Auf der sogenannten NK-Wiese an der Passauer Uni liegt ein 3 Meter hoher Granitblock. Bis jetzt sind mir leider nur 2 Begehungen gelungen.

# Senden

## Alte Fahrt Senden

Koordinaten: 51.8587626
7.4826357

Adresse: Industriestraße
Senden

Schwierigkeit: ab 4

Beschreibung: Wer Schnappt, der hat, Ziegel und Beton.

# Schwarzenberg

## Monkey Land

| | |
|---|---|
| Koordinaten: | 50.546013<br>12.783603 |
| Adresse: | Neustädter Ring 02<br>08340 Schwarzenberg<br>Sachsen |
| Schwierigkeit: | ab 5 |
| Beschreibung: | An der Treppe zum Club „Monkeys" kann man schön Klettern. Egal ob kurzer Boulder oder längere Route mit Exen gesichert.<br><br>Ein Video vom Spot gibt es auf Youtube unter dem Namen „Gorillas by Monkey (GoPro)". |

# Sprakel

Lärmschutzwand

Koordinaten: 52.032508
7.620520

Adresse: Sprakeler Straße
Sprakel
Nordrhein-Westfalen

Schwierigkeit: ab 4

Beschreibung: Rückseite der Lärmschutzwand. Vom Ortseingang Sprakel nur wenige Meter zu Fuß. Schöner Rasen. Logische Einzelprobleme, lustige athletische Kletterei.

# Steinfurt

Eisenbahnbrücke AA

Koordinaten: 52.1439763
7.3558707

Adresse: Borghorster Straße
48565 Steinfurt
Nordrhein-Westfalen

Schwierigkeit: ab 4

Beschreibung: Alte Eisenbahnbrücke über die Steinfurter Aa. Im fordern Teil frisch verputzt, aufgrund der Höhe Seil ratsam. Nette kleine Überhänge und Kanten im hinteren Bereich, Vorsicht wegen loser Steine.

# Stuttgart

## Canstatter Pfeiler

Koordinaten: 48.813794
9.223247

Adresse: Hofener Straße
70374 Bad Cannstatt
Baden-Wuerttemberg

Schwierigkeit: ab 6

Beschreibung: Text © DAV

Der 18 Meter hohe Sandsteinpfeiler, Überbleibsel einer alten Eisenbahnbrücke, vereint Gegensätze: Mit seinen anspruchsvollen Leisten und Auflegern vermittelt er zweifelsohne das natürlichste Klettergefühl aller unserer künstlichen Anlagen.

Weniger naturbelassen, mit urbanem Flair dagegen seine Umgebung: Das benachbarte Kraftwerk, die Eisenbahn, Neckarschiffe, Gewerbeflächen und das dicht besiedelte Cannstatt stellen die Kulisse fürs Klettern mit Bolzplatz - Ambiente. Die Klettereien sind durchweg senkrecht und anspruchsvoll, bewegen sich hauptsächlich im 6. und 7. Grad und sind für Anfänger nicht geeignet.

Gefordert / trainiert wird hier hauptsächlich Ausdauer und Stehtechnik, durchaus auch eine gehörige Portion Vorstiegsmoral. Die bereits an den behauenen Sandsteinquadern vorhandenen Griff- und Trittmöglichkeiten wurden durch zusätzliche, dezente Steinmetzarbeiten ausdifferenziert. Nur wenig weiter neckarabwärts wechselt die Szenerie in eine liebliche Weinberglandschaft.

Ein lustiges Video vom Spot gibt es auf Youtube unter dem Namen „Weihnachtsklettern am Pfeiler oder der Klimawandel macht's möglich".

# Friedrichsbau Würfel

Koordinaten: 48.810258
9.178126

Adresse: Siemens Straße 15
70469 Stuttgart
Baden-Württemberg

Schwierigkeit: ab 6

Beschreibung: Nur ein Doppelwürfel ist perfekt zum Bouldern geeignet. (Der hintere von den beiden nebeneinanderstehenden.)

Alle genannten Boulder sind sinnvoll definiert: ohne Kanten, ohne jegliche künstliche Bohrlöcher (ewig viele vorhanden) und ohne das Band zwischen den beiden Blöcken (Oberseite des unteren Würfels) und als sauberer Sitzstart. Also nur typische Felsgriffe verwenden.

Doppelwürfel 1: -- **"Geh mal vor die Tür Kai"** 6b+ bis 6c: Straßenseite (zwischen den beiden Doppelwürfeln).

-- **"Stadtaffe"** 6a bis 6b: links der Straßenseite.

-- **"Palast"** ca. 6c
Gegenüber der Straßenseite.

-- **"Der Rechtsweg ist ausgeschlossen"** 7a bis 7a+

Gegenüber der Straßenseite. Definiert ohne Rechte Griffe an oberem Würfel, über zwei Untergriff Leisten weiter Zug an Seitleiste links oben und Topout.

-- Projekt:
**Geländerseite**

-- Ohne Definition ist das Bouldern dort viel leichter, aber auch viel unspannender. Dann aber auch mit Anfängern geeignet. Die Grade sind nur Vorschläge.

# Süderlügum

Grundschule Süderlügum

Koordinaten: 54.873258
8.905590

Adresse: Schulstraße 15
25923 Süderlügum
Schleswig-Holstein

Schwierigkeit: ab 4

Beschreibung: Auszug von boulderninnf.blogspot.de:

Hier wurden die Klettergriffe direkt an die Wand geschraubt. Durch die Nutzung der Struktur im Mauerwerk hat man mehr Variationsmöglichkeiten.

Viele Routen-Möglichkeiten

Höhe – geschätzt 4 Meter

Schwierigkeit – variabel

Publikum – gering (außerhalb der Schulzeiten)

# Waiblingen

## B14 Brücke über die Rems

Koordinaten: 48.824201
9.333267

Adresse: Oberer Ring 6
71332 Waiblingen
BW

Schwierigkeit: ab 7+

Beschreibung: Faszinierender Spalt zwischen den Fahrbahnen. Ca. 6cm Breit und nach 30cm hat man einen super Griff. Nur Leider ist mein Arm zu dick, daher gebe ich das Projekt frei für jeden der sich daran versuchen will. Ich schätze das es für jemand mit dünneren Armen die ersten paar Meter so 7+ bis 8 seinen sollten. Einstieg ist über ein Seil (Prusik) oder durch einen Spalt (noch keine Absicherung) Anfang möglich, Absicherung ist durch Seilschlingen (aufgehangen am 10.11.2011) welche an Leitplanken festgebunden sind oder clean. 2 Stahlkarabiner dienen als Umlenker. Wer es kann und will der kann die Route um weitere 200m verlängern.

# Weinheim

Sandsteinbrückenpfeiler

Koordinaten: 49.555425
8.683114

Adresse: Birkenauer Talstraße 99 (gegenüber)
69469 Weinheim
Baden Württemberg

Schwierigkeit: ab 5+

Beschreibung: Im Weschnitztal zwischen Weinheim und Birkenau steht gegenüber dem DAV Gelände Weinheim ein Sandsteinbrückenpfeiler. In niedriger Höhe sollte man eine Runde schaffen können. Bitte keinerlei Chalk verwenden, da Sandstein; ist schon ziemlich klein griffig.

# Wiesbaden

## Brücke Schiersteiner Hafen

Koordinaten:   50.039287
 8.195318

Adresse: Christian-Bücher-Straße
 65201 Wiesbaden
 Hessen

Schwierigkeit: ab 6

Beschreibung: An der Fußgänger Brücke kann man super an beiden Seiten Kletten und wenn das Wetter passt, sich auch ins Wasser fallen lassen. Also ein klasse Deep Water Solo Spot für den Sommer.

Das DWS kann man hier super mit Grillen und Chillen verbinden.

Parkplätze sind ausreichend am Schiersteiner Hafen vorhanden. Verpflegen lassen kann man sich auch vom Yacht Café.

# Eisenbahnbrücke Ginsheim-Gustavsburg

Koordinaten: 49.992759
8.298026

Adresse: Auf der Mainspitze
65462 Ginsheim-Gustavsburg
Hessen

Schwierigkeit: ab 5+

Beschreibung: An der Eisenbahnbrücke gibt es schöne Eisengestänge an denen man wunderbar klettern kann. Auch mit Sicherung klettern ist hier gut möglich.

Einzige Herausforderung: Um an das Gestänge zu kommen muss man entweder von oben über die Brücke einsteigen, Räuberleiter unten am nächsten Punkt machen oder einen kleinen Hocker mitbringen.

Auch ist hier die Verbindung mit Grillen und Chillen bestens möglich.

# Spielplatzkastell im BKV

Koordinaten:   50.088892
               8.235327

Adresse:       Kellerstraße 6
               65183 Wiesbaden
               Hessen

Schwierigkeit: ab 7

Beschreibung:  Urban Climbing 10 Min vom Zentrum in Wiesbaden/Bergkrichenvietel.
               Bruchstein

# Kaiserbrücke - Wiesbaden

Koordinaten: 50.02610445785258
8.260946273803711

Adresse: Biebricher Straße
Wiesbaden
Hessen

Schwierigkeit: ab 5

Beschreibung: An dieser Seite der Brücke geht es etwas ruhiger als auf der Mainzer Seite zu. Hier wird der Bogen nicht von einer Straße unterführt. Zur Zeit der Bilderaufnahme erfolgte ein kleiner Straßenumbau, weshalb einige Baugerätschaften und sehr viel Matsch auf den Bildern zu sehen sind. In wenigen Monaten sollten diese Arbeiten jedoch fertig gestellt sein. Auf dieser Seite der Brücke ist der Torbogen durch Bäume und zusätzliche Nischen sehr geschätzt und bietet ein recht schattiges Plätzchen. Oft sind auch Tauben, die sich auf dem Bogen oder kleinen Winkelungen niedergelassen haben zu entdecken. Deren Hinterlassenschaften können dann auch meistens sehr bald überall gefunden werden. Entscheidet man sich hier die Route des Brückenbogens zu klettern, sollte man bei seiner Griffwahl zusätzlich wachsam sein.

Die Routen bewegen sich zwischen dem 5. und 10. Schwierigkeitsgrad. Es ist also für wirklich JEDEN was zu finden. Ob Anfänger oder absoluter Profi. Das ist der Spot um zu Klettern. Die schwierigen Routen befinden sich im Torbogen, wohin die leichteren Routen links in der Verschneidung entlanggehen.

Der Spot ist super mit öffentlichen Verkehrsmitteln zu erreichen. Die Bushaltestelle der Busnummer 9 befindet sich quasi unmittelbar vor der Brücke. Der Bus kann aus Wiesbaden kommend sowie aus Mainz kommend genutzt werden.

# Worms

## Rheinbrücke

Koordinaten: 49.630728
8.376177

Adresse: Floßhafenstraße
67547 Worms
Rheinland-Pfalz

Schwierigkeit: ab 4

Beschreibung: Schöne Quergänge und dazu kann man noch hoch hinaus :-)
Die Spots sind direkt unter der alten und der neuen Rheinbrücke.

# Würzburg

## Mainkai

Koordinaten: 49.782019
9.9296606

Adresse: Kurt-Schumacher-Promenade
Würzburg
Bayern

Schwierigkeit: ab 5

Beschreibung: 500 m lange Muschelkalkmauer mit sehr vielen eingetragenen Traversen und zwei kleinen Überhängen.

Die Routen sind mit L oder einem Strich (links greifen) und R oder einem Punkt (rechts greifen) angegeben. Es dürfen jederzeit selbständig Routen eingezeichnet werden.

Südwestlich direkt an einem Parkplatz am Main gelegen, dadurch kommt immer die Sonne hin, wenn sie mal scheint. Sollte es leicht regnen, dann gibt's auch noch eine Stelle, wo man durch überhängende Bäume gut geschützt ist.

# Niederlande

## Enschede

Klettern am Studentenwohnheim an der Universität Twente

Koordinaten: 52.243818
6.851919

Adresse: Drienerlolaan 5
7522 NB Enschede
Niederlande

Schwierigkeit: ab 5

Beschreibung: "Climb Your Dorm" ist das Motto im niederländischen Enschede an der Universität Twente. Hier können die Studenten außen an ihrem neunstöckigen Wohnhaus raufklettern. Die 30 Meter hohe Kletterwand ist die zweithöchste in den Niederlanden.

Morgens studieren, nachmittags klettern und das Ganze ohne lange Wege - eine coole Idee von den Gebäudearchitekten Arons und Gelauff!

Mehr Infos:
http://aronsengelauff.nl/housing/105

Mehr Bilder gibt es hier:
http://www.archdaily.com/21556/university-of-twente-campus-buildings-arons-en-gelauff-architecten

# Österreich

## Innsbruck

### Flüsterbogen

Koordinaten: 47.268472
11.394229

Adresse: Hofgasse 12
6020 Innsbruck
Tirol

Schwierigkeit: ab 5+

Beschreibung: Gerade wie man lustig ist hinauf.

# Wien

## Flakturm Wien

Koordinaten: 48.197509
16.352872

Adresse: Esterhazypark
1060 Wien
Österreich

Schwierigkeit: ab 4

Beschreibung: Am Flak Turm in Wien hat der Alpenverein ein Kletterzentrum eingerichtet. Hier kann man lässig Klettern über den Dächern von Wien.

Auf einer Fläche von über 700 m² sind über 4000 Griffe geschraubt. Die Wand ist bis zu 34 m hoch und es gibt über 20 Routen vom 4. bis 8. Schwierigkeitsgrad.

Da es sich um eine offizielle Kletteranlage handelt gibt es auch offizielle Öffnungszeiten, Eintrittspreise und es werden auch verschiedene Kurse angeboten.

Öffnungszeiten:

10. Juli bis 09. Oktober 2016

täglich ab 14:00 Uhr bis Dämmerung,

bei Schlechtwetter geschlossen

Man kann am Turm klettern und bouldern und natürlich genial Dachklettern.

Die offizielle Seite vom Alpenverein findet ihr hier:

http://alpenverein.wien/lv-wien/klettern/flakturm/index.php

Fotos: DAV Wien

# Schottland

## Glasgow

## Building by the expressway

Koordinaten: 55.863213
-4.296414

Adresse: Pointhouse Rd
Glasgow
Schottland

Schwierigkeit: ab 6

Beschreibung: Diese interessante Wand bietet tolle Möglichkeiten zum Fingertraining, Crimpen und für Fingerleisten-Freunde. Zusätzlich gibt es auch noch eine brutale "Säule".

Weitere Beschreibung in Englisch:

This wall is good for training open hand gripping, crimping and using finger pockets. There is also a brutal "pillar" for laybacking. You can also traverse.

If you have never been on rock before, you will find it "interesting".

Access is gained either from walking from the Exhibition Centre station onto the expressway, or via a narrow path that runs behind the trees at the end of Kelvinhaugh St (fiddle about with this view to orientate yourself). You turn right (as you look at the view, or left as you walk under the bridge) and follow the narrow path behind the trees.

If you do turn up early or late, do not climb on the first piece of wall you come to. The ramp introduces your face to Mr Lorry or you go bus surfing if you fall. Yes, some numpties actually think that is where we are climbing.

Auszüge entnommen von etrigg.com.

# Schweiz

## Blenio

### Staudamm Diga di Luzzone

Koordinaten: 46.563133
8.963379

Adresse: Staudammwand 1
6720 Blenio
Schweiz

Schwierigkeit: 5-7

Beschreibung: Die 165m hohe Staudamm-Wand des Diga di Luzzone im "Val Blegnio" wurde mit künstlichen Griffen eingebohrt. Entstanden ist die welthöchste, künstliche Kletterwand.

Entstanden sind 5 Seillängen bis zum Schwierigkeitsgrad 7-.

Insgesamt wurden über 650 Kunstgriffe und Haken in die Staumauer eingesetzt. Beginnt die Route anfangs noch sehr leicht (ca. 5b), so wird sie nach oben zunehmend steiler, die Griffvariationen schwieriger und endet schließlich in einer überhängenden Seillänge.

Die Route wurde 1999 von Tessiner Bergführern und Luciano Schacher errichtet. Die Schwierigkeit wurde dabei stetig angehoben:

1 Seillänge: 5b

2 Seillänge: 5c

3 Seillänge: 6a

4 Seillänge: 6a+

5 Seillänge: 6a+

Aussteigen, bzw. Abseilen kann man jederzeit. Es lohnt sich also für jeden.

Abgesichert sind alle 5 Seillängen gut, alle paar Meter folgen hochwertige Haken (14 Expressen) und auch die Standplätze sind eingerichtet.

Wieder runter kommt man entweder zu Fuß oder man kann abseilen. Ein 50 Meter-Seil ist dafür nötig.

Die Begehung der künstlichen Kletterroute an der Luzzone Staumauer ist gegen eine Gebühr von 20.- Franken/Person und einer Sicherheitshinterlegung von 100 Franken (die man jedoch zurückbekommt) möglich. Den Schlüssel für die Einstiegsleiter erhält man nach Bezahlung des Pfandes und der Begehung im Restaurant Luzzone.

Wenn man untenstehend auf die Staumauer blickt, ist das Restaurant links oben am Kamm der Mauer zu finden.

Die Zufahrt zur Staumauer erfolgt über die Gotthard-Passstraße. Dort fährt man weiter auf der Autobahn in Richtung Chiasso. Bei der Ausfahrt Biasca raus und weiter Richtung Lukmanier-Pass. Man gelangt durch das Dörfchen Olivone und fährt hier weiter in Richtung Campo (Blenio). Im sogenannten Bleniotal kann man in Aquilesco parken.

Beste Jahreszeit:

Mai, Juni, Juli, August, September

Bemerkung:  Nicht unbedingt am Nachmittag klettern, die Sonne erwärmt die Betonmauer stark. Die Route darf nur im Aufstieg, nicht im Abstieg begangen werden. Kletterer, die in die Route einsteigen wollen, müssen volljährige, geübte Sportler sein und eine Haftungserklärung unterzeichnen.

Um einen Eindruck zu bekommen was einen erwartet, gibt es auf der Videoplattform Vimeo ein Video unter dem Namen „La Diga di Luzzone"

# Fribourg

Pont de Pérolles

Koordinaten: 46.786828
7.153813

Adresse: Pont de Pérolles
1723 Fribourg
Schweiz

Schwierigkeit: ab 6+

Beschreibung: Fast 70 Meter hoch sind die beiden Pfeiler der Pérolles-Brücke nahe dem südschweizerischen Fribourg bei der kleinen Gemeinde Marly.

Sie sind mit künstlichen Klettergriffen ausgerüstet, der Zugang ist frei und gratis, sein eigenes Klettermaterial muss man dabeihaben.

Sportklettern:

Rund um den Pfeiler finden sich insgesamt 12 Einseillängenrouten von 5a bis 8a.

Es ist also für Jeden was dabei.

Mehrseillängen:

Zwei unterschiedliche, drei Seillängen lange Routen kann man hier klettern, auf der rechten Seite findet sich eine leichte (5b, 5b, 6a), links eine schwere (6a+, 6b + Varianten 6c+ oder 7c+).

Ein Video von der Erschließung der Brücke kann man sich auf Youtube anschauen unter dem Namen „Pont de Perolles 5".

Bild © www.20min.ch

# Spanien

## Barcelona

TÚNEL LA FOIXARDA

Koordinaten: 41.365929478808624
2.146171239425712

Adresse: Cami de la Foixarda
Barcelona

Schwierigkeit: 4-10

Beschreibung: Ein wirklich abgefahrener Spot mit senkrechten Wänden, aber auch stark überhängenden Wänden im Tunnel. Tolle Lokation, egal ob bei Tag oder Nacht.

Frei zugänglich ohne Eintritt und absolut zentral gelegen. Direkt zwischen Meer und Innenstadt: Der perfekte Buildering-Spot!

Das Klettergebiet ist zweigeteilt: Es gibt die Sektoren La Foixarda & El Túnel. Das eine senkrecht und hinter dem Tunnel, das andere überwiegend Überhängend im Tunnel.

Es gibt die Möglichkeit zu Topropen (Umlenker sind angebracht), zum Vorstiegsklettern und zum Bouldern.

Die Griffe sind trotz Tunnel griffig und es macht echt viel Spaß hier aktiv zu sein.

Einen Videoeindruck gibt es auf Youtube unter dem Namen „Buildering-Spots in Barcelona, Spanien - TUNEL LA FOIXARDA".

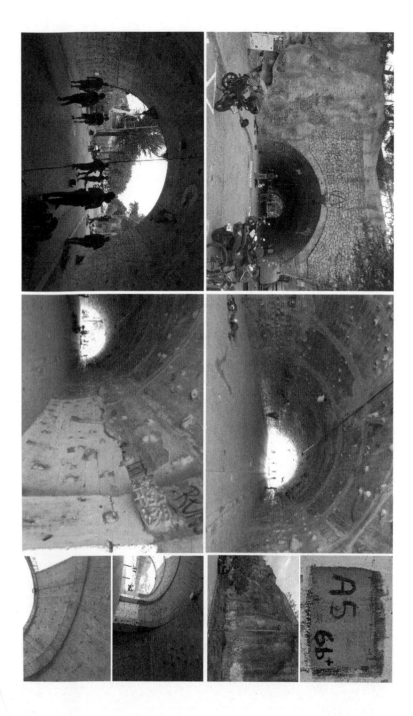

# Platz für Spots und Notizen

## Stadt:
Spot:

Koordinaten:

Adresse:

Schwierigkeit:

Beschreibung:

Platz für Spots und Notizen

Stadt:

Spot:

Koordinaten:

Adresse:

Schwierigkeit:

Beschreibung:

# Platz für Spots und Notizen

## Stadt:
Spot:

Koordinaten:

Adresse:

Schwierigkeit:

Beschreibung:

# Schwierigkeitsgrade

| Klettern | | | | | | Bouldern | |
|---|---|---|---|---|---|---|---|
| **UIAA-Skala** | **Frankreich** | **USA** | **Elbsandstein** | **AUS** | **Großbritannien** | **Frankreich** | **USA** |
| 1-3 | 1-3 | 5.0-5.2 | I - III | 10-12 | D | | |
| 4 | | 5.3 | IV | | | | |
| 4+ | 4a | 5.4 | | 13 | VD | 4a | VB- |
| 5- | 4b | 5.5 | V | | S | Fb 1-2 | |
| 5 | 4c | 5.6 | VI | 14 | HS | 4b | VB |
| 5+ | 5a | 5.7 | | 15 | | 4c | |
| 6- | 5b | 5.8 | VIIa | 16 | VS | Fb 3 | V0- |
| 6 | 5c | 5.9 | VIIb | 17 | HVS | Fb 4A | V0 |
| 6+ | 6a | 5.10a | VIIc | 18 | E1 | 5a, Fb 4B | |
| 7- | 6a+ | 5.10b | VIIIa | 19 | | Fb 4C | V0+ |
| 7 | 6b | 5.10c | | 20 | E2 | 5b, Fb 5A | V1 |
| 7+ | 6b+ | 5.10d | VIIIb | 21 | | Fb 5B | |
| 8- | 6c | 5.11a | VIIIc | 22 | E3 | 5c, Fb 5C | V2 |
| 8 | 6c+ | 5.11b | IXa | 23 | | Fb 6A | |
| | 7a | 5.11c | | 24 | E4 | 6a, Fb 6A+ | V3 |
| 8+ | 7a+ | 5.11d | IXb | 25 | | Fb 6B | |
| 9- | 7b | 5.12a | IXc | 26 | E5 | Fb 6B+ | V4 |
| 9 | 7b+ | 5.12b | | 27 | | Fb 6C | |
| 9+ | 7c | 5.12c | Xa | 28 | E6 | 6b, Fb 6C+ | V5 |
| | 7c+ | 5.12d | Xb | 29 | E7 | Fb 7A | V6 |
| 10- | 8a | 5.13a | Xc | 30 | | 6c, Fb 7A+ | |
| 10 | 8a+ | 5.13b | | 31 | E8 | Fb 7B | V7 |
| 10+ | 8b | 5.13c | Xla | 32 | E9 | Fb 7B+ | V8 |
| | 8b+ | 5.13d | Xlb | 33 | E10 | 7a, Fb 7C | V9 |
| 11- | 8c | 5.14a | Xlc | 34 | E11 | Fb 7C+ | V10 |
| | 8c+ | 5.14b | Xlla | 35 | | 7b, Fb 8A | V11 |
| 11 | 9a | 5.14c | Xllb | | | Fb 8A+ | V12 |
| 11+ | 9a+ | 5.14d | Xllc | | | Fb 8B | V13 |
| | 9b | 5.15a | | | | Fb 8B+ | V14 |
| 12- | 9b+ | 5.15b | | | | Fb 8C | V15 |
| 12 | 9c | 5.15c | | | | Fb 8C+ | V16 |
| | | 5.15d | | | | | |

Printed in Poland
by Amazon Fulfillment
Poland Sp. z o.o., Wrocław